쿠르드 연대기

IS 시대의 쿠르드족 문제

제라르 샬리앙 · 소피 무세 지음 — 은정 펠스너 옮김

LA QUESTION KURDE À L'HEURE DE DAECH

La question kurde à l'heure de Daech

avec la collaboration de Sophie Mousset

by Gérard CHALIAND

Copyright © Éditions du Seuil, 2015

Korean translation copyright © HanulMPlus Inc., 2018

All rights reserved. This Korean edition was published by arrangement with Éditions du Seuil.

이 책의 한국어판 저작권은 Seuil와의 독점계약으로 한울엠플러스(주)에 있습니다. 저작권법에 의해 보호를 받는 저작물이므로 무단 전재와 무단 복제를 금합니다.

이 도서의 국립중앙도서관 출판예정도서목록(CIP)은 서지정보유통지원시스템 홈페이지 (http://seoji.nl.go.kr)와 국가자료공동목록시스템(http://www.nl.go.kr/kolisnet)에서 이용하실 수 있습니다.

CIP제어번호: CIP2018009470

파리쿠르드연구소의 설립자이며

30년 동안 소장을 맡았던

켄달 네잔Kendal Nezan에게 이 글을 바친다.

옮긴이의 말

중동에서 네 번째로 인구수가 많지만(약 3000만 명) 4개국(이라크, 이란, 터키, 시리아)에 분포되어 살면서 국가를 수립하지 못하고 있는 '비운의 민족'으로 알려진 쿠르드족은 2017년 독립국가 수립에 대한 찬반 투표를 실행하면서 또 한 번 국제 여론의 주목을 받게 되었다. 이라크 북부의 쿠르디스탄(쿠르드족의 땅이라는 뜻) 지역에서 9월 26일에 치러진 찬반 투표에서 투표자의 92%가 쿠르드 독립에 찬성표를 던지면서 독립에 대한 열기는 고조되었지만, 실제로 쿠르디스탄의 독립이 실행될 가능성은 없어 보였다. 바그다드의 이라크 중앙정부뿐만 아니라 쿠르디스탄의 모든 인접 국가들은 독립국가를 세우기 위한 쿠르디스탄의 행보를 강력하게 비판했는데, 특히 터키의 레제프 타이이프 에르도안Recep Tayyip Erdoğan 대통령은 이라크 쿠르디스탄이 독립국가를 수립할 경우 모두 굶어 죽게 될 것이라고 공개적으로 경고했다. 또한 수년 동안 적대 관계이던 터키와 이란은 이라크 쿠르디스탄의 국민투표 문제가 불거지자 머리를 맞대고 군사적 대응도 불사하겠다는 원칙에 합의를 보았다. "우리의 유일한 친구는 산뿐이다"라는 쿠르드 속담처럼, 이스라엘을 제외한 그 어떤 국가도 이라크 쿠르디스탄의 독립을 원하지 않는다는 사실이 독립 투표를 통해 다시 한번 확인되었으며, 독립의 꿈은 또다시 수포로 돌아갔다. 쿠르드족 스스로 독립을 열망하는데도 불구하고 그들의 독립이 요원해 보이는 이유는 무엇인가?

이 책의 저자 제라르 샬리앙Gérard Chaliand은 국제관계 전문가로서 쿠르드족 역사를 일목요연하게 소개함과 동시에, 오늘날 이라크 쿠르디스탄에서 활발하게 일어나고 있는 독립운동을 가능하게 했던 내부적 역동성과 국제정세의 변화를 수차례의 현지 방문을 통해 정확하게 보고한다. 샬리앙에 따르면 이라크 쿠르디스탄의 독립운동은 제1차 세계대전 이후 근동 지역에서 발생했던 투쟁적 민족주의와 그 이후에 발생했던 여러 국제 사건들의 영향으로 촉발되었다. 하지만 이라크 쿠르디스탄의 지위가 변화되는 과정에서 쿠르드족 자신은 아무런 영향을 미치지 못했다는 사실을 유념해야 한다. 아나톨리아 동부 산악지역에서 수백 년 동안 부족사회 형태를 유지하며 유목민족으로 살아왔던 쿠르드족이 민족의식을 갖게 된 것은 제1차 세계대전을 통한 오스만 제국의 멸망과 그 이후 근동 지역에 불기 시작한 국가주의의 영향 때문이다. 하지만 제라르 샬리앙은 500여 개의 부족으로 이루어진 쿠르드족이 다양성을 유지한 채 서로 경쟁하면서 살아왔고,

이러한 부족주의적 문화가 근대적 의미의 독립국가를 세우는 데 걸림돌이 되고 있다는 점을 지적한다. 즉, 외부적 요인뿐만이 아니라 계속되는 분열로 불거지고 있는 내부적 갈등도 쿠르드 독립을 방해하는 주요한 요소로 작용하고 있다는 것이다. 1923년 터키와 연합국에 의해서 맺어진 로잔 조약으로 4개국(터키, 이라크, 이란, 시리아)의 지배를 받으면서 흩어져 살고 있는 쿠르드족 중, 이라크에 거주하는 쿠르드족은 다른 지역의 쿠르드족과는 다르게 1970년대부터 자치권을 확보하며 독립국가 설립의 기회를 계속 엿보고 있다. 이라크 쿠르디스탄은 어떠한 역사적 맥락에서 이러한 지위를 확보할 수 있었는가?

제1차 세계대전 이후 오스만 제국이 해체되면서 터키를 제외한 소수민족들의 독립이 약속되었으나, 쿠르드족의 독립은 철회되었다. 이러한 결정이 내려진 주요한 원인들 중 하나는 바로 이라크 쿠르디스탄 지역의 유전이었다. 이 지역에 유전이 있다는 것을 알고 있었던 영국은 이 지역과 함께 다른 지역을 합쳐서 이라크를 세웠으며, 이라크 설립 후 일어났던 쿠르드족의 봉기를 잔인하게 진압했다. 유전 때문에 쿠르드족의 독립은 좌절되었지만, 아이러니하게도 유전으로 인한 수입으로 쿠르드족은 오늘날 독립의 발판을 다져나가고 있다. 그 이후 이라크 내에서 계속 폭동을 일으키며 억압을 받던 쿠르드족의 지위에 결정적인 영향을 미친 사건으로 제라르 샬리앙은 1991년에 일어났던 제1차 걸프 전쟁과 2003년 미국의 이라크 침공을 꼽는다. 이라크의 쿠웨이트 침공으로 일어난 제1차 걸프 전쟁은 연합국의 승리로 끝나고, 이러한 혼란을 틈타 쿠르드족이 봉기를 일으키자 연합국은 이라크 쿠르디스탄 지역을 이라크 공군의 비행 금지 지역으로 지정하게 되는데, 이를 계기로 쿠르드족의 자치권이 강화되었다. 1992년 최초로 국회의원 선거가 치러지면서 자치정부 설립에 박차를 가했지만, 이라크 쿠르디스탄의 양대 정당인 쿠르드민주당과 쿠르드애국동맹의 갈등은 결국 1994년 쿠르드 시민전쟁으로 발전되고 지역 분열을 초래했다. 그 이후 2003년 근동 지역의 재편성을 추구하는 미국의 신보수주의자들에 의해 감행된 이라크 전쟁은 이라크 쿠르디스탄의 상황에 또 한 번 커다란 영향을 미쳤다. 쿠르드족은 미국이 주도하는 연합군의 사담 후세인 제거 작전에 참여함으로써 미국을 우방으로 얻게 되고 사담 후세인의 억압에서 벗어날 수 있게 되었다. 이라크 전쟁에서 거의 피해를 입지 않았던 이라크 쿠르디스탄은 바그다드 중앙정부로부터 자치권을 인정받으면서 선거를 통해 제도 정비를 시작했으며 양대 정당의 갈등을 극복하기 위해 노력을 기울여왔다.

10여 년간의 평화를 맛보던 이라크 쿠르디스탄 자치정부에 또다시 위기가 찾아온 것은 2014년 이슬람국가IS의 등장으로 이라크가 혼란에 빠지게 되었기 때문이다. IS의 호전적인 공격으로 모술을 포함한 몇 지역이 함락당하자, 이러한 혼란을 틈타 쿠르드 지역정부는 그동안 쿠르디스탄의 일부라고 주장해왔던 지역을 아무 저항 없이 점령하게 되었다. 하지만 IS의 공격으로 쿠르드 민병대인 페시메르가는 맥없이 무너졌으며, 쿠르드 자치정부 수도인 아르빌이 함락되기 일보 직전에 연합국의 공습으로 겨우 수도를 지킬 수 있었다. 잠정적인 평화를 누려왔던 쿠르드 자치정부는 갑작스러운 공격으로 잠시 혼란에 빠지기도 했지만, 전열을 재정비해 IS가 점령했던 신자르를 탈환함으로써 IS를 저지할 수 있는 중요한 군사 세력으로 부상하게 되었다. 수니파 지하디즘의 확장으로 대변되는 IS의 등장으로 이라크의 정세는 또다시 요동치고 있으며, 쿠르드 자치정부는 이러한 상황을 자신에게 유리하게 이용하고 있다.

제1차 세계대전 이후 오스만 제국의 해체로 약속되었던 쿠르드족 독립국가 설립에 대한 보장은 전승국들의 이해관계 때문에 지켜지지 못했으며, 그 이후 이라크 내에서 일어났던 전쟁과 IS 등의 외부적 요인이 쿠르드족의 운명을 좌지우지해왔다. 제라르 샬리앙은 이 책에서 쿠르드족은 단 한 번도 자신의 운명을 결정하는 역할을 했던 적이 없다고 언급하며, 스스로 가장 민주주의적이라고 칭하는 미국과 그의 유럽 연맹국들이야말로 쿠르드족의 운명과 함께 이 지역의 무질서를 초래한 주범들이라고 밝히고 있다. 2017년 이라크 쿠르디스탄에서 독립에 대한 찬반 투표가 치러졌지만, 쿠르드족이 독립국가를 세울 수 있을 것이라고 생각했던 세력은 아무도 없었을 것이다. 해결의 기미가 전혀 보이지 않는 근동 지역의 난리 통 속에서 IS를 저지하는 선봉장으로 나선 쿠르드족의 운명은 과연 어떻게 전개될 것인가?

지은이의 말

우리는 1999년부터 현재까지 2009년과 2010년을 제외하고 매년 이라크에 속하는 쿠르디스탄을 방문해 현지 조사를 실행했다. 2003년 미국의 무력 개입이 시작되기 전까지 우리는 시리아 수도 다마스쿠스로부터 국경 도시 카미실리로 이동한 다음 카미실리에서 시리아 국경 수비대의 검문을 거쳐 쿠르디스탄으로 들어갈 수 있었다. 우리는 미국과 프랑스·영국 공군의 엄호를 받으며 요동치는 티그리스강을 배로 건너야 했다. 사담 후세인 정권이 몰락한 이후에는 시리아·이라크 국경을 합법적으로 통과할 수 있었으며, 곧이어 항공편으로 이라크 쿠르디스탄을 왕래할 수 있게 되었다.

우리는 이라크 쿠르디스탄이 두 개의 통치 지역으로 나뉘어 있었던 시절에 대해서도 잘 알고 있다. 한 지역은 마수드 바르자니Masoud Barzani가 이끄는 쿠르드민주당KDP의 통치를 받고 있었으며, 다른 지역은 잘랄 탈라바니Jalal Talabani가 이끄는 쿠르드애국동맹PUK의 통치하에 있었는데, 최근에 이 두 정당 체제에 도전하는 고란Goran당이 설립되었다.

그사이에 우리는 여러 차례 바그다드와 키르쿠크 그리고 모술을 방문했으며, 2004년 모술에서 데이비드 퍼트레이어스David Petraeus 미국 장군도 만났다. 그 당시 쿠르드족은 모술의 동쪽 연안 지역을 통치하고 있었으며, 수니파 전투원들과 알카에다 소속 전투병들은 반대편 지역을 장악하고 있었다.

거의 한 세기 동안 쿠르드족의 고난은 끊임없이 계속되고 있다. 터키에 거주하는 쿠르드인들은 기나긴 역사 동안 터키에 동화되거나 학살당했으며, 그러한 상황은 현재까지 지속되고 있다. 시리아에 거주하는 쿠르드인들은 계속 거처를 옮겨 다녀야 했지만 때때로 신분증을 발급받는 권리를 누리기도 했다. 이란에서는 압둘 라만 가셈루Abdul Rahman Ghassemlou가 이끄는 쿠르드민주당이 자치권 확립을 위한 민주적 투쟁을 일으켰지만, 이는 가셈루가 살해당함으로써 실패로 돌아갔다. 가셈루는 1989년 이란 장교들에 의해 살해당했으며, 곧이어 그의 후계자들도 1992년 베를린에서 암살당했다. 한편 이라크에 거주하는 쿠르드인들은 1920~1991년 중 6년 정도의 기간을 빼고는 이라크 정부로부터 조직적으로 계속해서 억압받았다.

현재 이라크 쿠르디스탄 자치구역은, 비록 미비하긴 하지만 민주주의에 기반을 둔 제도를 정착시켰다. 즉, 교육 제도가 정비되고 경제 개발 계획이 수립되며 자립적 안보 체제가 구축되었다. 이와 같은 제도적 정비는 그들이 처한 지정학적 상황을 고려할 때 높이 평가받을 만하다. 또한 쿠르디스탄 자치구역에서 주목할 만한 점은 개인의 종교적 성향이나 인종 문제로 인해서 전혀 차별받지 않는다는 사실이다. 이 지역의 소수민족들은 쿠르드인들의 환대 속에서 신변의 위협을 느끼지 않으면서 평화롭게 생활하고 있다.

차례

옮긴이의 말 4

지은이의 말 10

들어가는 말 15

1장   그제: 쿠르디스탄의 간략한 역사   21

쿠르드 민족주의의 근원 23 / 술라이마니야 36 / 바르잔 38 / 마하바드 공화
국 39 / 1958년 7월 14일 이라크 공화국 41 / 바트당의 출현과 쿠르드 혁명의
종말 46 / 1966년, 쿠르드의 분열 49 / 알제리 조약과 '무로 끝난 혁명' 52 /
이란·이라크 전쟁 57 / 쿠르드 집단 학살(안팔) 59 / 제2차 걸프 전쟁부터 대
탈출까지 62 / 결의안 688호와 쿠르드 자치구 68 / 안전보장과 안전구역 작전
71 / 자치를 위한 정치조직체 73 / 쿠르드 시민전쟁 80 / 적과의 동맹 83 /
시민전쟁, 그 이후 88 / 완성되지 못한 절반의 독립 91

2장 어제: 이라크의 혼선   97

역사의 교훈 99 / 터키의 쿠르드인 101 / 시리아의 쿠르드인 108 / 이란의 쿠르
드인 110 / 이라크의 쿠르드인 114 / 제3차 걸프전 123 / '대(大)중동' 126 / 미국
의 점령 128 / 특별 케이스인 쿠르드 133 / 이라크의 독립과 2005년 선거 134 /
유동적이고 모두에게 공평한 이라크 헌법 135 / 현재 이라크의 쿠르디스탄 139

3장 오늘: 화약고의 중심   143

지하드 부활에 대한 사우디아라비아의 책임 145 / 시리아 전쟁과 IS의 출현 151
/ 지역의 안정 168 / 로자바의 쿠르드인(시리아 쿠르디스탄) 170

결론: 그리고 내일은? 175

참고문헌 181

들어가는 말

최근 들어 국제적 주목을 새롭게 받고 있는 이라크 쿠르디스탄은 투쟁적인 민족주의의 발현과, 이와 동시에 연속적으로 일어났던 역사적 사건들의 결과로 인해 생성된 지역이라고 볼 수 있다. 문제는 이 과정에서 쿠르드족이 아무런 영향력을 행사하지 못했다는 사실이다.

　이 지역 형성에 영향을 미쳤던 첫 번째 사건은 1991년에 일어났던 제1차 걸프 전쟁이다. 사담 후세인의 쿠웨이트 침공을 막기 위해서 미국이 주도하는 연합군이 전쟁에 개입했지만, 연합군은 이라크 정권의 몰락을 유도하지 않았다. 연합군은 정권을 계속 이라크의 소수 종파인 수니파에 맡겼는데, 이는 이라크 인구의 절반 이상을 차지하는 시아파가 권력에 오르는 것을 막기 위한 것이었다(이라크 인구의 60%가 시아파이다). 이는 동시에 미국과 사우디아라비아에 강력하게 저항하는 이란을 견제하기 위한 전략이기도 했다.

　정전이 선포되자마자 미국의 보호를 받는 수니파 정권은 자신에게 대항하는 단체들을 탄압하기 시작했으며(비록 미국은 이라크 국내 정치에 절대 개입하지 않겠다고 선언했지만), 이로 인해서 이라크에 거주하는 쿠르드족과 시아파는 엄청난 억압을 받게 되었다. 이라크 군대의 가혹한 탄압으로 수백만에 이르는 쿠르드인들은 터키와 이란 국경으로 피난할 수밖에 없었다. 서구 언론이 쿠르드인들의 탈출에 대해서 보도하자, 프랑스와 영국은 이들을 보호해야 한다고 주장하기 시작했다. 이에 따라 유엔은 다음과 같은 결의안을 채택했다. "미국과 그의 두 연맹국은 위도 36도 북부에 속하는 쿠르드 지역의 안전을 보장하는 안전보장Provide Comfort 작전을 수행한다"(결의안 688호).

반면에 이라크 중앙과 남부에 거주하는 시아파는 미디어의 주목을 전혀 받지 못했으며, 그들은 결국 무자비하게 학살당했다.

두 번째 사건은 2003년으로 거슬러 올라간다. '중동 지역의 재편성'을 추구하는 미국의 신보수주의 정치가들에 의해 감행된 '선택적 전쟁'(이라크 전쟁)은 결국 완전한 실패로 끝났다. '미완성 전쟁'에 종지부를 찍기 위해 이라크에서 시작된 이 전쟁은 이라크의 다수파인 시아파가 정권을 획득하게 되는 결과를 낳았고, 이는 이란에 유리한 결과를 안겨주었다. 또한 사담 후세인이 정권에서 축출됨으로써 쿠르드족도 사담 후세인의 억압에서 벗어날 수 있었으며 미국을 그들의 우방으로 얻게 되었다.

쿠르드 자치구역은 쿠르드민주당KDP과 쿠르드애국동맹PUK

사이의 소모전(1994~1996년) 이후 1997~1998년부터 '식량을 위한 석유'라는 프로그램을 통해서 점차적으로 조직을 갖추어나가기 시작했다. 하지만 쿠르드 자치구역은 2005년 바그다드의 반대에도 불구하고 이라크와 맺은 연방제를 파기하고 석유가 풍부한 자체 영토에 대한 독립적 통치권을 수립했다. 그 이후 쿠르드 자치구역의 북부 지역은 터키와 경제적 협력 관계를 맺었으며, 이를 통해서 자치구역 개발의 기회를 얻게 되었다.

지난 10여 년 동안 평화로운 생활을 누리며, 그중 6여 년은 심지어 (사회 일부 계층의) 경제적 번영을 이룰 수 있었던 쿠르드족은 2014년 7월 이라크 군대의 붕괴로 예기치 못했던 상황에 맞닥뜨리게 되었다. 갑작스러운 이슬람국가IS의 공격으로 이라크 도시 모술Mosul이 함락되었으며, 페시메르가peshmerga(쿠르드 민병대)는 이라크 군대가 철수함으로써 아무런 저항 없이 키르쿠크Kirkuk뿐만 아니라 그들이 넘보던 지역을 점령할 수 있게 되었다.

하지만 곧이어 페시메르가는 상당히 호전적인 IS의 공격으로 신자르Sinjar에서 패전했고, 8월 첫째 주 후반에 IS는 쿠르디스탄의 수도 아르빌Arbil에서 몇십 킬로미터 떨어진 곳까지 진격했다. 이슬람국가가 진격하는 동안 이란의 엘리트 조직(이슬람 혁명수비대의 쿠드스Quds군)이나 쿠르디스탄노동자당PKK과 같은 어떠한 조직도 개입하지 않았다. 쿠르드 자치구역 주민들은 곧바로 위험을 직감하면서 공포에 휩싸였으며, 그들 중 일부는 지하디스트(이슬람 성전주의자)들이 전진함에 따라 도주하기 시작했다. 하지만 미국 공군의 개입으로 최악의 사태는 모면할 수 있었다. 지난 몇 년 동안 경제적으로 그리고 상업적으로 돈독한 관계를 유지해왔던 터키는 쿠르드 자치구역의 수도 아르빌이 IS로부터 위협을 받는 동안 아무런 조치도 취하지 않고 수수방관했다.

4개국으로 흩어져 거주하는 쿠르드족 분포도

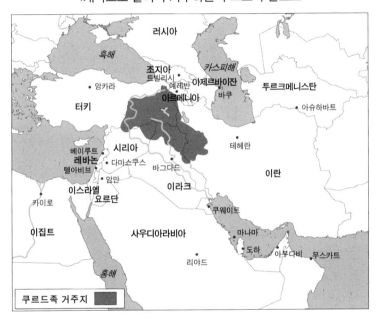

쿠르드족 거주지

1장　　　　　　그제: 쿠르디스탄의 간략한 역사

쿠르드 민족주의의 근원

'쿠르디스탄'이라는 지명은 터키 동남부 지역과 이란 서부 지역
일부, 그리고 이라크 북동부 지역 일부와 터키 국경 지역에 인접
한 시리아 북부의 고립된 세 지역을 통틀어 일컫는 명칭이다.

중동 지역 전문가인 하미트 보자르슬란Hamit Bozarslan은 쿠르
디스탄에 대해 다음과 같이 설명한다.

이 지역을 쿠르드족이 온전히 통치했던 적은 역사적으로 한 번도
없었다. 1915년 이전까지 쿠르디스탄의 일부는 오스만 제국의 '동
부 지역구'였으며 아르메니아 쿠르드라고 불렸다. 반면 현재 이라
크 쿠르디스탄에 속하는 마르딘Mardin과 시이르트Siirt(터키 동쪽)
의 마을들과 모술Mosul이 속했던 주에는 아랍인이나 아시리아인이
많이 거주하고 있었으며 이들은 현재까지 이 지역에 계속 거주하
고 있다.[1]

쿠르드족은 한때 오스만 제국(오스만 제국 치하에서 공국으로
서의 지위를 누렸다[2])과 이란 제국으로 나뉘어 통치를 받았으며,

---

[1]   Hamit Bozarslan, *Conflit kurde. Le brasier oublié du Moyen-Orient* (Paris:
       Autrement, 2009).

지난 1세기 동안은 네 나라의 통치를 받고 있다. 그런데 쿠르드족을 점령하고 있는 4개국은 쿠르드족을 독립시키는 데 전혀 관심이 없다. 즉, 터키, 이란, 이라크, 시리아 4개국은 서로 적대적 관계를 유지하고 있지만 그 지역에 거주하는 쿠르드인들의 지위를 그대로 유지하는 데 암묵적으로 동의하고 있다.

이러한 지리적 분열과 함께 언어 문제(터키와 시리아 지역 쿠르드인들은 대부분 쿠르드어를, 이라크와 아크레Akre 도시 남쪽, 그리고 이란에서는 소라니Sorani어를 사용하고 있으며 그 외에도 자자키 Zazaki어 같은 지역 방언도 사용되고 있다)와 종교 문제가 첨가되어 상황을 더 복잡하게 만들고 있다. 쿠르드인들 중 대부분은 샤피이Shāfiʿī학파(이슬람 율법을 가르치는 네 학파 중 하나이다—옮긴이)를 추종하는 수니파에 속하지만, 알레비Alevi파(시아파에 속하는 열두 이맘파와 유사하다)와 야지디Yazīdī교[3]를 믿는 집단 그리고 기독교인들도 포함되어 있으며, 그들과 호의적인 관계를 맺고 있던 유대인들도 섞여 있다. 마지막으로 다른 분파에 속하는 시아파도 쿠르드족에 포함된다.

---

2   자치통치 제도는 19세기에 중앙집권화가 진행되면서 통제의 효율성을 위해 폐지되었다.

3   '악마를 섬기는 자들'이라는 누명을 받고 있는 야지디교는 이원론적 종교관을 가지고 있으며 많은 종교의 영향을 받아 생성된 종교인데, 그중 특히 조로아스터교의 영향을 가장 많이 받았다.

전체적으로 볼 때 쿠르드 지역은 지역적 특색을 갖는 전통적인 씨족사회를 기반으로 형성된 반半독립 자치구역으로 이루어져 있다(특히 13세기와 14세기부터). 오랜 기간 쿠르드족의 경제적 기반은 농업과 목축업이었다. 역사적으로 쿠르드 지역을 지나는 여행자들은 쿠르드인들의 잔인한 노략질 때문에 두려움에 떨어야 했다.

16~17세기에 수니파에 속하는 오스만 제국과 시아파에 속하는 이란의 사파비Safavid 왕조의 경쟁으로 쿠르드족은 둘로 분열되었는데, 대부분의 쿠르드인들은 오스만 제국을 지지했으며 이들은 국경을 수비하는 역할을 맡았다.

지난 1세기 동안 쿠르드족은 엄청난 피를 흘리며 고난을 겪고 있지만, 중세 시대 전체에 걸쳐 쿠르드 공국의 도시들이 자체 문화를 꽃피우면서 영화로운 시대를 누렸었다는 사실을 기억해야 한다.[4]

1596년에 쓰인 「샤라프 나마Sharaf nama, 또는 쿠르드족의 서사」는 쿠르드족의 정체성을 찬양하고, 종종 타 민족의 영광을 위해 싸웠던 쿠르드 용사들의 군사적 용맹성에 대해 서술하고 있다. 또한 쿠르드 작가인 아메드 카니Ehmedê Xanî의 서사시 「멤과

---

4   Martin Van Bruinessen, *Agha, Shaikh and State: The Social and Political Structures of Kurdistan* (London: Zed Books, 1992).

진Mem û Zîn」, 그리고 기사의 연애담을 영웅적으로 그리는 「메메 알란Memê Alan」[5]과 같은 아주 탁월한 소설은 세계적 수준의 문학 작품과 비교할 때 손색이 없다.

제1차 세계대전 이후 오스만 제국은 패전국에 속해 역사 속 으로 사라지게 되었다. 승전국인 영국과 프랑스가 사이크스 피 코 협정Sykes-Picot Agreement을 체결해 오스만 제국에 속했던 영토 를 유럽 강대국이 분할했다. 영국은 바그다드와 바스라Basra가 속 한 주를 분할받았으며, 곧이어 모술이 속한 주도 통치하게 되었 다. 영국이 이 지역을 차지하게 된 것은 이 지역의 땅속에 유전이 있다는 사실을 알고 있었기 때문이었다(이 사실은 영국만이 알고 있었다). 터키가 1923~1925년에 모술 지역의 반환을 주장하기도 했지만, 국제연맹League of Nations(국제연합UN의 전신)은 런던을 지 지했다. 하지만 영국의 위임 통치가 시작되자마자 두 집단이 반 란을 일으켰다. 한 집단은 시아파였으며, 다른 한 집단은 세이크 Sheikh 마무드 바르잔지Mahmud Barzanji가 이끄는 집단이었다. 셰이 크 바르잔지는 술라이마니야Sulaymaniyah 출신으로, 여러 해 동안 자신의 통치 영역을 꾸준히 확장시켰던 사람이다. 영국은 반란

---

5   이 소설은 로제 르스코(Roger Lescot)가 번역해 *Mamé Allan*(Paris: Gallimard, 1999)이라는 제목으로 프랑스에 소개되었으며, 이 책의 서문은 켄달 네잔(Kendal Nezan)이 썼다.

이 일어나자마자 그다음 날 지상전의 피해를 최소한으로 줄이기 위해서 처음으로 이 지역에 공군을 투입했다(같은 시기에 아프가니스탄과 소말리아에도 공군이 투입되었다).

그런데 쿠르드족이 지역적 정체성에 기반을 두어 민족의식을 갖게 된 것은 50년 정도밖에 되지 않았다. 그리고 쿠르드족의 민족의식은 종교적 소속성을 중심으로 발전되었다. 이는 오스만 제국 통치하에서도 종교적 정체성이 중시되었다는 사실과 연관이 있다. 터키인이건 쿠르드인이건 또는 알바니아인이건 상관없이 모든 무슬림은 종교 공동체인 움마Ummah, 즉 '우월 국가millet-i hakime'에 속한다. '경전의 민족'인 기독교인들이나 유대인들처럼 소수 공동체에 속하는 집단은 이러한 우월 국가에서 자신의 종교적 정체성을 유지할 수는 있었지만 영원한 2등 시민으로 취급받았다.

제1차 세계대전 당시 터키의 '연합진보위원회Committee of Union and Progress: CUP'라는 공식 명칭을 가졌던 청년튀르크당은 독일의 편에 서서 전투에 참가했는데, 이는 그들이 범터키주의를 실현하려는 야심을 품고 있었기 때문이었다. 청년튀르크당은 이를 위해서 아나톨리아에 거주하는 아르메니아인들을 학살하고 이와 더불어 흑해 국경선 지역의 그리스인들과 기독교 소수민족(아시리아인, 칼데아인, 시리아인 그리스정교회 등)의 숙청과 추방을 감행했다.

제1차 세계대전이 발발하자 터키의 혁명가 무스타파 케말

Mustafa Kemal은 쿠르드족의 도움을 받아 세브르 조약Treaty of Sèvres (1920)으로 빼앗길 뻔했던 영토 일부분을 보전할 수 있었다. 케말은 그리스인들을 본국으로 돌려보냄으로써 종교와 인종이 통일된 국가를 성립할 수 있었다. 케말이 수립한 국가는 프랑스의 자코뱅주의를 계승한 국가 모델을 바탕으로 세워졌다(1923년 로잔 조약Treaty of Lausanne). 케말은 그 당시 유럽 국가들을 모델로 터키를 근대화시켰으며 특히 이탈리아와 소비에트 연방의 영향을 많이 받았다. 그는 칼리프 제도를 폐지하고 로마자를 도입했으며 스위스 헌법을 모델로 삼아 터키인들로만 구성된 국가로서의 터키를 선포했다(1924).

무스타파 케말은 중동 지역에서 터키가 뒤늦게 국가로 실립된 것을 정당화하기 위해서 터키의 기원이 바빌로니아와 히타이트 또는 수메르로부터 시작했다고 꾸며내기까지 했다. 이 과정에서 쿠르드족은 일개 '산악 지방에 거주하는 터키 민족'으로 전락했다.

쿠르드족의 모든 저항은 잔인하게 억압당했으며, 터키에 속하는 쿠르디스탄은 억압과 강제 이주로 막대한 인구 손실을 입었다. 이 지역은 지금까지로 저개발 상태로 남아 있다.

대부분의 쿠르드인들은 오스만 제국에 거주했던 사람들이며 수니파에 속한다.[6] 예외적으로 야지디파와 알레비파에 속하는 소수 집단이 있는데, 이들의 존재도 적지 않은 비중을 차지하고 있다. 또한 16세기부터 존재해온 소집단이 있는데, 이들은 오늘날의 이란에 거주했던 집단으로서 이들 중 소수가 시아파에 속한다.

오스만 제국이 패망하자 쿠르드족은 아르메니아인들과 아시리아인들처럼 혼란을 틈타 자신들의 영토를 확보하기 위한 로비 활동을 펼쳤다. 세브르 조약으로 막을 내리게 되는 평화 협상이 1919년에 시작되자 스톡홀름에서 오스만 제국의 영사로 재직했던 술라이마니야 출신의 셰리프 파샤Şerif Pacha가 쿠르드족을 대표해서 협상에 참가했다. 파샤는 지중해에서부터 페르시아만에 이르는 영토를 확보하기 원했으며 쿠르디스탄을 독립된 주권국가로 세우기 위해 분투했다. 아시리아와 마찬가지로 아르메니아도 비슷한 영토권을 주장했다. 결국 세브르 조약은 실현되지 않았으며, 현재 이라크에 속하는 쿠르디스탄은 영국의 통치하에 들어가게 되었다. 국가를 세우기 위한 노력이 일부에서 진행되기는 했지만 끊이지 않는 쿠르드족 내부의 분열 때문에 그들의 입장을 통일시킨다는 것은 불가능했다.

쿠르드족의 엘리트 계층은 터키의 엘리트들과 비교할 때 시대에 뒤떨어진 감각을 지니고 있었으며 제국과 종교에 대한 전통

6　대부분의 터키 민족은 하나피파(Hanafi; 수니파 중 가장 오래된 학파-옮긴이)에 속하며 쿠르드족은 샤피이파에 속한다.

적 가치에 계속 집착했다. 터키의 무스타파 케말이 이룩한 근대적 국가 수립과 칼리파 국가의 해체로 상징되는 정치의 세속화는 쿠르드인들이 도저히 받아들일 수 없는 개혁이었다.

'쿠르드 문제'는 제1차 세계대전이 터지자마자 화두에 오르기 시작했으며, 다음과 같은 다양한 문제를 내포하고 있었다.

• 터키의 쿠르드족은 동화되거나 추방당하거나 또는 억압받아왔다.
• 이란의 쿠르드족은 1935년까지 그들의 문화를 보전할 수 있는 권리를 가지고 있었다. 하지만 이란 군주 정권은 다른 소수민족의 언어(발루치족Baluch의 언어 등)와 마찬가지로 쿠르드어를 잔인하게 억압했다.
• 시리아의 쿠르드족은 프랑스의 위임통치하에서 제한적이기는 하지만 실제적인 문화적 권리를 누렸다.

영국이 이라크를 재조직하면서 바그다드주와 바스라주에 모술이 속한 주를 추가한 것은, 이미 앞에서 언급했듯이 유전 때문이었다. 모술주는 쿠르드인(58%), 아랍인, 투르크멘인 그리고 아시리아와 칼데아 출신의 기독교인들이 거주하는 지역이었다. 로잔 조약이 체결된 이후 1923~1925년에 무스타파 케말이 이끌었던 터키는 그 당시 힘의 균형상 이 지역의 통치권을 영국이 맡아야 한다고 국제연맹에 호소했다. 이에 대한 조건으로 영국은 이 지역에 거주하는 쿠르드인들의 행정적·문화적 자율성을 보장하기로 약속했다. 이에 따라서 이 지역의 쿠르드인들은 현재 자신들의 문화를 보존하고 고유한 언어를 사용할 수 있는 권리를 계속 보장받게 되었다.

새로운 국가로 탄생한 이라크의 수장은 사우디 가문에 의해 쫓겨난 하심가의 왕자 파이살 1세Faisal 1가 맡게 되었다. 오스만 제국과 전쟁을 치를 때 영국을 지지했던 메카의 샤리프들에게 보답하기 위해서 파이살 1세가 왕으로 선택된 것이다. 파이살 1세는 이라크인의 대다수가 시아파였음에도 불구하고 수니파로 개종할 수밖에 없었는데, 이는 이라크 정권의 핵심 요직을 맡고 있던 정치인들이 거의 수니파였기 때문이다.

이라크가 국가 형태를 갖추게 되자 곧 모술주 문제가 다시 제기되었다. 영국은 이 지역의 문제를 국제연맹에 의뢰해야 한다고 주장했다. 국제연맹은 현지 조사를 통해서 이 지역의 주민들이 온전한 쿠르드 자치구역으로 독립하기를 희망한다는 사실을 밝혀내고, 다음 조치가 취해지기 전까지 25년 동안 국제연맹의 통치를 받아야 한다는 결정을 내렸다.

영국은 온갖 외교 수단을 동원해 이 문제를 헤이그 국제사법재판소에 상소했으며, 헤이그 국제사법재판소는 런던의 의견을 수용하는 판결을 내렸다. 하지만 국제연맹은 헤이그의 이러한 결정에도 불구하고 모술 지역이 자치 행정구로 독립해야 한다고 주장했다.

쿠르드족은 종교적, 부족적, 지역적 또는 민족적인 문제로 터키와 이라크, 이란에서 계속 폭동을 일으켰으며 폭동이 일어날 때마다 잔인하게 진압당했다. 특히 터키에서 일어났던 두 전쟁 사이에서 혹독한 시련을 겪어야 했다. 이들 세 국가는 어쨌든 계속 분열된 상태로 남아 있었던 자국 내 영토에 거주하는 '그들의' 쿠르드인들을 효과적으로 통제하기 위해서 관할 구역이라는 전통적인 통치 방식을 계속 고집했다.

외부의 도움도 없었고 도망칠 곳도 없었던 쿠르드인들의 폭동은 대개 지리적인 한계를 지니고 있었다. 하지만 그럼에도 불구하고 폭동은 지속되었는데, 이는 산악 지형의 이점을 유리하게 이용할 수 있었고 또한 쿠르드인의 출생률이 상당히 높았기 때문이었다.

시리아, 이라크, 이란, 터키에 거주하는 쿠르드인들의 정확한 인구 통계자료는 부재하지만, 대략 다음과 같이 예측할 수 있다. 시리아에는 대략 200만 명의 쿠르드인이 거주하며(전체 인구의 10%), 이라크에는 500만 명(11%), 이란에는 800만에서 1000만 명(거의 10%)에 이르는 쿠르드인이 거주하고 있다. 그리고 터키에는 대략 1500만 명(거의 20%)이 거주하고 있다.[7] 몇 년 전까지 쿠르드족의 인구 증가율이 터키의 인구 증가율을 앞서면서, 터키 전체 인구 중 쿠르드인의 비율이 4분의 1 이상을 차지할 것이라는 분석이 제시되었다. 하지만 쿠르드인들의 인구 비율을 확실히 하기 위해서는 쿠르드인들이 1930년대 아나톨리아 중앙지역으로 강제 이주된 사실과 아나톨리아 서부지역으로 농촌 인구가 대거 탈출한 사실, 그리고 쿠르드인들의 동화 정도(쿠르드어 소멸 등) 등을 감안해야 한다.

1960년대부터 터키에 거주하는 쿠르드인들은 '쿠르드 부흥' 운동을 시작했는데, 이는 쿠르드 민족주의를 재정비하려는 노력의 일환이었다. 이러한 운동이 일어나는 가운데 무스타파 바르자니Mustafa Barzani가 통치하고 있던 이라크 쿠르디스탄에서 전파되는 쿠르드 라디오 방송이 중요한 역할을 했다.

1920년부터 오늘날에 이르는 전 역사를 통해 터키와 이란, 이라크는 쿠르드족 내의 갈등을 계속 이용해왔다. 그 갈등의 내용은 부족 간의 갈등, 종교적 갈등 그리고 사회적인 갈등으로 표현된다. 터키는 이 중에서도 특히 군대 통치자인 아가agha와 공동체 통치자인 셰이크sheikh[8]의 갈등을 이용해서 쿠르드족 내의

---

7   투르구트 외잘(Turgut Özal) 터키 대통령은 1991년 2월, 1200만 명의 쿠르드인이 터키에 거주하고 있다고 발표했다. 만약 이 통계가 정확하다면 현재 터키에는 거의 2000만 명의 쿠르드인이 거주하고 있다고 보아야 한다.

8   Cf. Martin Van Bruinessen, *op. cit.*

갈등을 조작해왔는데, 다른 국가들도 터키의 계략을 모방하고 있다. 이러한 계략은 특히 현재 이라크 쿠르디스탄처럼 이란(남부 지역)과 터키(북부 지역)의 강력한 영향을 받고 있는 쿠르디스탄 자치구역에서 효과를 발휘하고 있다.

산악 지역에 거주하는 쿠르드인들은 부족주의(다른 무슬림 공동체와 마찬가지로)에 기반을 두기 때문에 내부적으로 잦은 전쟁을 겪었다. 이 때문에 쿠르드 공동체와 그들의 지도 계층은 오스만 제국이나 페르시아에 비해서 쿠르드족을 정치적으로 조직화하는 데 어려움을 겪었다. 오스만 제국이나 페르시아는 오랜 국가 전통을 가지고 있는 나라들이다. 반면 쿠르드족은 지역 마을의 집권자들이 계속 정치적으로 핵심적 역할을 수행하고 있다.

칼리프 제도를 폐지하고 쿠르드인들을 축출함으로써 근대 국가를 설립하고자 했던 터키의 정책 때문에 쿠르드족의 셰이크 사이드 피란Said Piran이 일부 지역에서 폭동을 일으켰다(1925). 사이드 피란은 나크시반디파Naqshbandi 출신인데, 나크시반디파는 쿠르디스탄에 존재하는 두 개의 거대한 평신도회 중 하나에 속하는 교단이다. 1925~1938년에 공식적으로 18번의 봉기가 일어났다. 이로 인해 터키는 1920년대 말에 쿠르드인들을 지역적으로 분산시키기 위해서 그들 중 일부를 서부 지역으로 강제 이주시켰다.[9] 이러한 강제 이주는 그다음 세기에도 계속되었다. 쿠르드인들을 농촌 지역으로 강제 이주시킨 것은 터키어가 쿠르드인들에게 뿌리내리는 결과를 낳았다.[10] 여러 봉기 중 가장 규모가 컸던 봉기는 아리Ağrı주에서 일어났던 아라라트Ararat 쿠르드인 공화국 선포(1927~1930)와 데르심Dersim에서 일어났던 봉기(1936~1938) 였다. 데르심의 봉기에는 많은 알레비파 추종자들이 참여했는데, 이들은 역사적으로 특별히 잔혹한 억압을 당했던 집단이었다.

터키 남부의 국경 지역에 거주하고 있었던 시리아 쿠르드인들도 봉기에 참여했는데, 특히 아리주에서 일어났던 봉기에 적극적으로 참여했다. 그리고 아르메니아인들도 이 봉기에 참여했다. 아르메니아인들은 1915~1916년에 청년튀르크당의 결정에 따라 아나톨리아 지역에서 완전히 축출당했는데, 이러한 정책이 결정되는 과정에는 쿠르드인들도 적극적으로 개입했다. 오늘날 이 사건은 민족 학살(일개 민족 또는 종교적 집단의 일부나 전체를 제거하는 행위)로 간주되고 있다.

대부분 수니파에 속하는 이란 거주 쿠르드인들은 16세기 초부터 상당히 오랜 기간 문화적 정체성을 보장받았다. 하지만 이러한 정책은 1925년에 이란 황제인 리자 샤 팔레비Riza Shah Pahlevi 가 이란의 근대 국가 설립을 위한 강력한 중앙집중화 정책을 펼

---

9   터키는 법령으로 쿠르드인들이 이주할 수 있는 지역과 그 외 지역을 명확하게 구분하고 있다.

10   ≪로자 쿠르디스탄(Roja Kurdistan)≫(1922~1923)과 같은 쿠르드 정기간행물들이 창간되기도 했다.

치면서 폐지되었다. 1920년대에 '쿠르드적' 성향을 띠고 있던 심코Simko 족장이 이끄는 시카크Shikak 부족연맹의 봉기는 심코 족장이 중앙정부와 협상하는 도중에 살해당함으로써 종결되었다 (1930).[11]

술라이마니야

앞에서 서술한 상황이 전개되기 몇 년 전인 1919년, 술라이마니야의 셰이크인 마무드 바르잔지는 영국의 통치를 거부하고 쿠르디스탄 국가를 선포했다. 그는 쿠르디스탄 국기를 제작하고 행정부를 조직했으며 세금을 거두기 시작했다. 영국 군대는 역사상 처음으로 바르잔지를 체포하기 위해서 공군을 투입했으며, 그를 체포해 인도에 강제 수용시켰다. 바르잔지는 1922년 다시 고국 땅으로 돌아올 수 있었다. 같은 해에 영국과 이라크는 국제연맹에서 이라크 발전에 관한 특별 보고서 안에 다음과 같은 내용

---

11 "심코 족장은 과연 민족주의자였는가? 심코 족장은 자신이 통치하는 지역에서 세금 징수와 같은 제도를 전혀 도입할 의사가 없는 인물이었다. …… 심코 족장은 전형적인 부족의 우두머리였으며, 부족 문화를 통해서 지지자를 모으고 반대자들을 제거했다." David McDowall, *A Modern History of the Kurds* (London: Tauris, 2004), p. 214, 저자의 번역.

을 포함시켰다. 그 내용은 이라크 국가 내 쿠르디스탄 남부 지역의 자치권을 허용하는 것이었다. 이라크에 거주하는 쿠르드족은 자치정부를 구성할 권리와 영토를 확정할 권리, 그리고 런던과 바그다드, 두 국가와 직접 정치적 그리고 경제적 관계를 맺을 수 있는 권리를 보장받게 되었다. 하지만 런던은 이 조약을 준수하지 않았으며, 이로 인해서 셰이크 마무드는 1923년 또다시 폭동을 일으켰으나 성공하지는 못했다. 폭동이 실패하자 셰이크 마무드는 1927년 이란으로 망명했다. 1930년 마무드 바르잔지는 '자코Zakho에서 카나킨Khanaqin에 이르는 쿠르디스탄 지역을 영국 통치하에 종속'시키면서 이라크의 행정적 지배를 종결짓기 위한 협상을 벌였다. 이 때문에 셰이크는 또다시 추방당했으며, 이번에는 이라크 남부 지역에 강제 수용되었다. 그는 이 지역에서 몇 년 후에 사망했다.

이라크에 주둔했던 영국은 아랍의 소수 집단인 수니파(20%)를 적극 지지했으며, 아시리아인들(기독교도)을 경찰 보충 인력으로 채용하기도 했는데, 이와 같은 사실로 인해서 아시리아인들은 10년 후에 이라크가 독립하자 영국에 협력했다는 이유로 혹독한 탄압을 받았다. 이라크는 시아파와 쿠르드족을 억압하면서 세워진 국가이다.

바르잔

술라이마니야가 폭동을 일으킨 이후 터키 국경 지역의 다른 도시에서도 봉기가 일어났다. 바로 바르잔Barzan이다. 위대한 잡Great Zab 강변에 위치한 매우 아름다운 이 도시는 산세가 험해서 외부인의 진입이 어려운 곳이며 나크시반디 교리를 따르는 셰이크가 다스리던 지역이다.

정치적 지도자인 동시에 종교적 지도자로 선출된 셰이크 아메드 바르자니Ahmed Barzani는 1931~1932년에 영국령하에 있었던 이라크에 대항해서 폭동을 일으켰다. 영국 공군은 바르자니 가족(400명)을 모두 구속해 이라크에서 축출했다. 하지만 터키는 이들을 받아들이기를 거부했으며, 바르자니 가족들 중 대부분은 이라크로 보내졌다. 이와 같은 추방 정책에도 불구하고 셰이크 아메드는 몇 년 후에 술라이마니야에 정착하도록 허가를 받았다. 바로 이 도시에서 셰이크의 동생 무스타파가 쿠르드 민족주의자들과 접촉하게 되었고, 이들의 도움으로 이란을 통과해 바르잔으로 잠입하는 데 성공했다. 그리고 무스타파는 바르잔을 되찾기 위한 저항군의 지도자 역할을 맡게 되었다. 얼마 후에 무스타파는 강제 추방되었지만 바르잔의 저항은 계속되었다.

1943년 무스타파 바르자니는 또다시 폭동을 일으켰는데, 그는 영국과 이라크가 추축국(독일, 이탈리아, 일본)과 전쟁을 치르면서 세력이 약해진 틈을 타서 그의 요구를 관철시킬 수 있는 발판을 마련했다.

1920년대와 이란에서 마하바드 공화국Republic of Mahabad이 선포[12]되는 시기(1946) 사이에 다양한 이유로 계속해서 폭동이 일어났다. 이러한 폭동들을 통해서 쿠르드 민족주의와 그들의 정체성에 대한 문제가 계속 제기되었다. 하지만 폭동을 이끌었던 주역들은 쿠르드 내부 갈등 문제를 결코 해결할 수 없었다. 쿠르드족의 분열을 극복할 수 있는 강력하고 강제력을 지닌 이데올로기가 등장하지 않는 한, 산악 공동체를 기반으로 한 쿠르드인들의 통합은 요원해 보였다.

마하바드 공화국

제2차 세계대전이 발발하자마자 '냉전' 체제는 곧바로 터키(카르스Kars와 아르다한Ardahan을 반환하라는 소비에트 연방의 요구)와 이란에 영향을 미쳤다. 1945년 소비에트 연방은 이란 북부 지역을

---

12   "민족주의를 상징하는 마하바드는 부족 문화를 기본으로 하는 쿠르드인들에 의해 거부당했다." David McDowall, *ibid*, p. 231, 저자의 번역. 그럼에도 불구하고 1945년 쿠르디스탄 민주당이 이란에 설립되었다.

점령했으며, 전쟁의 혼란을 틈타 스탈린은 타브리즈Tabriz를 포함하는 '대大아제르바이잔'을 구축하기 위한 정책을 강행했다. 이와 동시에 스탈린은 이란에 거주하는 쿠르드인들에게 마하바드 '공화국'을 세우라고 북돋았다. 카지 무함마드Qazi Muhammad의 지휘 아래 국가의 기초적인 토대를 갖춘 마하바드 공화국이 세워졌다. 카지 무함마드는 무스타파 바르자니가 인솔했던 500명가량의 군인들과 이라크 군대에서 활약했던 많은 쿠르드 장교들의 도움을 받았다. 따라서 무스타파 바르자니는 마하바드 공화국의 장군으로 임명되었다. 1946년 1월 22일 쿠르드족은 마하바드에서 쿠르디스탄 공화국을 선포했다.

바로 한 해 전인 1945년에 있었던 얄타 회담에서 소비에트 연방의 이란 철수가 결정되었는데, 이에 따라 영국과 미국의 지원을 받은 이란 군대는 쿠르디스탄 공화국과 아제르바이잔에 주둔하던 소비에트 연방 점령자들을 몰아낼 수 있었다. 영국을 등에 업은 이란 군대는 쿠르디스탄 공화국을 포위하고, 항복한다면 더 이상의 유혈은 없을 것이라고 약속했다. 이에 따라 카지 무함마드는 무기를 내려놓았지만 결국 교수형에 처해졌으며 그의 측근들도 마찬가지로 교수형을 당했다.

이란뿐 아니라 영국도 신뢰하지 않았던 바르자니 장군은 그에게 충성하는 병사들과 함께 '대행군'을 감행했는데, 이란의 경찰을 피해서 이라크, 이란, 터키를 가로질러 소비에트 연방 소속

의 남캅카스까지 도주했으며, 그곳에서 11년 동안 망명 생활을
했다.

이 행군으로 바르자니 장군은 영웅적 존재가 되었으며, 망명
해 있는 동안에도 계속해서 쿠르드민주당의 총재로 선출되었다.
스탈린이 사망하자 망명자들의 지위가 개선되면서 교육을 받을
권리와 군사 훈련을 받을 권리를 가질 수 있게 되었다. 바르자니
장군의 몇몇 동료들은 러시아나 우즈베키스탄의 고등교육을 받
은 여성들과 결혼했는데, 이 여성들은 1958년 남편을 따라 이라
크에 정착하면서 정치적·사회적 활동을 활발하게 벌였다.

1958년 7월 14일 이라크 공화국

1958년, 군대에 속하지 않는 장교들로 구성된 부대의 우두머리
였던 압둘 카림 카셈Abdul Karim Kassem 대령은 이라크 궁전을 포위
해 쿠데타를 일으켰다. 왕의 가족들과 대부분의 고위 관료들, 그
리고 수상이었던 누리 알 사이드Nuri al-Said는 모두 처형당했다.
그해 7월 14일에 임시 헌법이 제정되고 공화국이 선포되었다. 내
각 수장과 군대 사령관 지위를 동시에 차지한 카셈 대령은 '아랍
인들과 쿠르드인들 모두가 이라크의 일부'라고 공표했다.

바로 이 시기에 쿠르드 민족주의가 다시 활기를 얻기 시작했

다. 바그다드가 마침내 서구의 종속에서 벗어나게 되었기 때문이다. 군주제하에서 쿠르드인들은 헌법에 의해서 어떠한 권리도 보장받지 못했으며 그들이 조직한 정당은 금지되고 지도자들은 감옥에 갇히거나 망명하거나 숨어 살아야만 했다. 카셈 대령은 무스타파 바르자니의 이라크 귀환을 허용했으며, 1960년 무스타파 바르자니는 그의 동료 500명과 소련 출신 부인들, 자녀들과 함께 누리 알 사이드가 거주했던 관저에서 성대한 환영을 받았다. 그리고 1946년에 설립된 쿠르드민주당은 같은 해에 합법화되었으며, 일간지인 ≪케바트Khebat≫도 합법적으로 판매되기 시작했다.

하지만 카셈 행정부와 쿠르드의 관계는 키르쿠크시 문제로 점차 악화되기 시작했다. 1961년 9월 결국 두 세력 사이의 충돌이 일어났다. 정권이 세 번 바뀌는 동안 이라크 정권들은 계속 쿠르드 게릴라의 공격에 시달렸으며, 무스타파 바르자니가 쿠르드 게릴라를 지휘했다. 무스타파 바르자니는 내부적으로 심각한 갈등을 겪고 있었음에도 불구하고 공격을 감행했던 것이다. 하지만 쿠르드민주당은 곧 현실을 직시하면서 독립을 포기하고 자치권 획득을 요구하기 시작했다. 충돌이 계속되는 동안 카셈은 다른 쿠르드 부족들의 지지를 획득했으며, 무스타파 바르자니는 카셈을 지지하는 부족들과 전투를 치르면서 그 외의 다른 부족들과 연맹을 맺었다.[13]

또한 무스타파 바르자니는 쿠르드민주당 내부에서 당의 사무국장인 이브라힘 아메드Ibrahim Ahmed 그리고 잘랄 탈라바니Jalal Talabani와 갈등을 겪었는데, 잘랄 탈라바니는 젊은 변호사로서 이브라힘 아메드의 딸과 결혼한 사람이었다.

1961년 당시 카셈 대령이 통치하는 이라크와 충돌하기 시작했던 쿠르드인들의 존재는, 쿠르드인들이 소수민족으로 거주하고 있던 국가 이외에는 거의 알려지지 않았다. 이 문제에 관해서 다루고 있는 문헌은 프랑스어와 영어를 통틀어 서너 권에 지나지 않는다. 이 문헌들 중 바실 니키틴Basile Nikitine이 저술한 『쿠르드Les Kurdes』[14]가 주목받을 만하다. 그런데 이 당시 '제3세계'는 반식민주의 전쟁에 몰입해 있었다. 하지만 쿠르드인들은 자신들이 5년 전에 열렸던 반둥 회의Bandung Conference(제2차 세계대전 이후 독립한 아시아, 아프리카 29개 국가들의 회의─옮긴이)의 일원이라고 전혀 느끼지 못했으며, 오랫동안 빼앗겼던 그들의 권리를 되찾는 데에만 집중했다.

바르자니가 군사적 충돌을 막으려고 노력했음에도 불구하고 쿠르드 저항군과 이라크 군대의 첫 충돌은 결국 1961년에 일어

---

13   "무스타파 바르자니의 전략은 부족주의와 민족주의의 혼합이었다." David McDowall, *ibid*, p. 310, 저자의 번역.

14   Paris, Imprimerie nationale, 1956.

나고 말았다. 이라크 군대는 쿠르드의 반란에 폭력적으로 대응했으며, 쿠르드민주당의 총수였던 바르자니는 결국 이란 국경 근처로 도주할 수밖에 없었다.

하지만 바르자니는 이에 굴복하지 않고 그와 함께 소련 대행군에 동참했던 전우들을 규합해 점차적으로 영토를 되찾기 시작했다. 그리고 쿠르드 군대인 페시메르가는 곧 3만 제곱킬로미터에 해당하는 영토를 다시 점령하게 되었다. 페시메르가는 '죽음을 직시하고 있던' 병사들이었으며, 쿠르드인들의 융합과 민족의식 형성에 기여한 장본인이기도 하다.

쿠르드의 전략은 쿠르디스탄의 험한 지형을 바탕으로 세워졌다. 험한 지형 때문에 쿠르디스탄 마을들은 중앙정부의 통치를 전혀 받지 못하고 있었으며, 이에 따라 바그다드는 이 지역을 통제하기 위해서 병력을 분산시킬 수밖에 없었다. 쿠르드인들은 도시에서 테러를 일으켜 민간인들이 희생되는 것을 피하면서 이라크 군대를 집중적으로 공격했는데, 이는 그들이 겪고 있는 고통을 서방 세계에 알림으로써 서방 세계의 동정을 얻는 동시에 그들의 지원을 얻기 위한 것이기도 했다.

카셈 대령은 쿠르드의 반란으로 입지가 약화되었으며, 내부적으로 핵심 정치조직 단체들의 지지도 잃게 되었다. 외부적으로도 가말 압델 나세르Gamal Abdel Nasser가 통치하는 이집트뿐만 아니라 서방 세계와의 관계도 악화되었다. 결국 바트Ba'ath당 당원들(1947년 시리아에서 설립된 민족주의적, 사회주의적, 세속주의적 정당의 당원들)은 1963년 2월 8일 쿠데타를 일으켜 카셈 대령을 축출했다. 쿠르드인들은 이 작전에 대해 이미 알고 있었으며, 쿠데타를 일으킨 군사 정권 역시 1963년 3월 11일에 선포된 헌장에서 '쿠르드족의 합법적 권리'를 인정한다고 밝혔다. 4월 24일 쿠르드민주당은 새로 구성된 정부에 쿠르드 자치권과 중앙정부 조직에 비례적으로 참여할 권리, 그리고 석유 수입의 공정한 분배를 내용으로 하는 서면을 제출했다.

압드 알 살람 아리프Abd al-Salam Arif 장군에 의해서 카셈 대령이 축출되자, 바르자니는 아리프 장군과 함께 쿠르드족의 권리를 보장하는 조약을 체결했다. 그 이후에 열린 제6회 쿠르드민주당 전당대회에서 체결된 조약을 놓고 의견을 달리하는 두 진영이 충돌했는데, 한 진영은 바르자니가 지나치게 보수적이라고 비난했으며, 다른 진영은 바르자니의 관점과 조약 자체가 너무 진보적이고 심지어 혁명적이라고 비판했다. 이브라힘 아메드와 잘랄 탈라바니가 협조해 제시했던 전략은 쿠르드민주당이 전통적으로 추구해왔던 전략에서 벗어나는 것이긴 했으나, 점령자와의 관계를 계속 지속하기 위한 현실적인 성격을 내포한 것이었다.

쿠르드와의 협상에서 카셈 대령의 정권처럼 아리프 장군의 정권도 곧바로 방어적인 자세를 취하기 시작했다. 아리프 장군의 정권은 쿠르드인들을 '배신자들'이라고 고발하면서, 이들이

'새로운 이스라엘'을 세우고 '서구 제국주의 확장 음모'에 가담하고 있다고 비난했다. 이를 통해서 우리는 쿠르드족에 대한 음모론이 근래에 생겨난 것이 아님을 확인할 수 있다.

아리프 장군은 '아랍의 결속'을 외치며 시리아 군대에 지원군을 요청하기까지 했지만, 쿠르드의 방어선을 뚫기에는 역부족이었다. 쿠르드족은 마을에서 행해진 잔인한 진압과 벌판에서 치러진 강도 높은 전투를 이겨냈다. 이라크 정권은 결국 바르자니에게 휴전을 요청했으며, 바르자니는 이를 받아들였다. 요약해서 말하자면 쿠르드의 봉기는 1961년 여름 말엽에 시작해서, 두 번의 휴전을 거쳐 1975년까지 계속되었다.

바트당의 출현과 쿠르드 혁명의 종말

내전으로 전세가 약화된 이라크 정부는 1968년 7월 17일에 또다시 쿠데타를 경험해야 했다. 새로운 정권의 핵심 인물은 사담 후세인 압드 알 마지드 알 티크리티Saddam Hussein Abd al-Majid al-Tikriti였다. 그 당시 사담 후세인은 너무 젊었기 때문에(31세) 그의 사촌들 중 하나인 아흐마드 하산 알 바크르Aḥmed Hassan al-Bakr가 이라크 공화국의 대통령으로 선출되었다. 하지만 정권이 구성된 1970년대부터 이라크 정권을 실제로 통치한 사람은 사담 후세인이었다.

사담 후세인은 쿠르드족과의 무익한 갈등으로 자신의 세력을 약화시키기보다는 자신의 정권을 강화하기 위해서 쿠르디스탄과 평화로운 관계를 유지하는 정책을 채택했다. 그런데 쿠르드와 평화적 협정을 맺으려는 정부의 정책은 이라크 군대가 1969년에 시작한 진압 작전에 의해서 또다시 무산되었다. 이 전투는 결국 이라크의 참패로 종결되었으며, 결국 사담 후세인은 무스타파 바르자니를 직접 만나기 위해서 쿠르디스탄을 방문할 수밖에 없는 처지에 놓이게 되었다. 이리하여 바트당의 제7회 전당대회에서 쿠르드 국가가 정식으로 인정되었으며, 쿠르드어를 가르치는 교육 기관을 허가하고 술라이마니야에 대학을 설립하며 주간지 발행을 허용하는 등 여러 가지 조치가 취해졌다.

국경선을 정하는 문제와 석유 판매 수입금을 배분하는 문제에 의견 차이가 있긴 했지만, 사담 후세인은 개인적으로 쿠르드족의 정치적 자율성을 보장했다.

공영방송을 통해 아흐마드 하산 알 바크르 이라크 대통령은 '그들의 형제인 쿠르드인들'과 15개의 조항(그리고 11개의 비밀 조항)에 합의하는 조약을 체결했다고 발표했다. 이 조약을 통해서 9년 동안 지속되어온 전쟁이 종결되었으며 3개의 행정 구역으로 이루어진 자치주가 형성되었다. 3개의 행정 구역은 술라이마니야, 다후크, 아르빌이다. 하지만 유전 지역인 키르쿠크, 신자르,

카나킨 지역의 행정권에 대한 결정은 4년 뒤로 보류되었다. 입법기관과 행정기관이 구성되었으며, 쿠르드어는 아랍어와 함께 쿠르드 자치주의 공식 언어가 되었다. 또한 쿠르드 장관들은 바그다드 중앙정부의 내각에 참여하게 되었다. 부통령으로 쿠르드인이 임명되었으며, 국가 수입의 공평한 분배를 통해 쿠르디스탄의 건설을 꿈꾸게 되었다.

이라크의 이러한 발표는 엄청난 반향을 일으켰다. 역사상 처음으로 쿠르디스탄은 공식적으로 모든 권리를 보장받게 된 것이다. 바트당이 이끄는 중앙정부는 이러한 조치를 현실화하기 위해서 4년의 적용 기간을 두었다. 그런데 이 기간은 이라크 자체의 강화를 위해 필요하기도 했다. 왜냐하면 이라크 자신도 소비에트 연방 그리고 프랑스와 협조한다는 협약을 맺어야 했기 때문이다. 내전이 끝나자 이라크의 군수품은 다양해졌는데, 이는 소비에트 연방과 프랑스의 봉쇄가 풀렸기 때문이다.

하지만 조약이 선포된 지 1년이 채 지나기도 전에 동독의 슈타지Stasi와 협력하고 있었던 이라크 비밀경찰은 중동 지역에서 최초로 자살 테러를 시도했다. 바로 무스타파 바르자니가 테러 대상이었다. 하지만 바르자니는 또 한 번 위기를 모면할 수 있었다.

이라크는 1972년 핵심 천연자원인 석유 사업을 완전히 국유화했다. 이는 국제사회의 반대와 고립을 무릅쓴 조치였다(석유로 거두어들이는 수입은 1973년 이스라엘·아랍 전쟁에 기인한 오일 쇼크 이후 큰 폭으로 증가했다). 석유 수입으로 바트당은 여러 기관과 군대를 재정비할 수 있었다.

바트당은 점점 전체주의적 성향을 드러내기 시작했으며, 그 사이 바그다드에 정착한 쿠르드민주당은 정치적으로 유일한 야당이 되었다. 쿠르드민주당이 발행하는 일간지 ≪알 타키Al-Taakhi≫는 정권에 반대하는 저항 인사들의 의견을 대변하는 대변지가 되었다.

1966년, 쿠르드의 분열

이라크의 자치권 보장에 대한 약속에도 불구하고 이라크 내 쿠르드인들의 분열은 더욱 깊어졌다. 1964년 바르자니 대통령은 내부에서 심각한 도전을 받게 되었다. 그의 총리였던 이브라힘 아메드는 바르자니 대통령을 부족 문화에 집착하는 전통주의자라고 비난하면서 아메드 자신과 그의 동료들은 '좌익화'를 지향한다고 밝혔다. 그는 특히 무스타파 바르자니가 바그다드와 협정을 맺은 사실을 집중적으로 질책했다. 아메드는 결국 분열을 주도해 바르자니 대통령을 쿠르드민주당 총재에서 사임시켰다. 그리고 전당대회를 소집해 900명의 의원들이 참석한 가운데 새로운 위원회를 선출했으며 당 지도부를 새로 구성했다.

1965년 이브라힘 아메드의 사위이며 쿠르드민주당 분리주의자들이 조직한 당 지도부 구성원이었던 잘랄 탈라바니는 이란에서의 망명 생활을 마치고 그와 함께 전투에 참여했던 용병들과 함께 이라크로 귀환했다. 이로써 쿠르드민주당은 두 진영으로 완전히 분열되었으며, 이 분열은 분리주의자들이 무스타파 바르자니에 대항하기 위해서 바그다드와 동맹을 맺기까지 10여 년 동안 계속되었다. 이브라힘 아메드와 잘랄 탈라바니는 이라크 정권의 쿠르드 협력자들과 공동 전선을 펼치면서, 반란자들, 특히 쿠르드인들을 억압하는 작전에 동참했다. 1969년 말에 이라크 정권 내의 쿠르드 협력자들은 9000여 명에 달했으며, 그들의 역할은 쿠르드민주당의 비밀요원들을 색출하는 것이었다. 우리는 이들을 자시djash('작은 당나귀'를 의미하는 쿠르드어이며, 이는 '반역자'를 뜻한다)라고 부르며, 이 명칭은 계속 존재하고 있다.

  바르자니를 추종하는 진영은 이란의 도움을 받았다. 이 시기에 생겨난 상대 진영에 대한 적대감은 수십 년이 지난 후에도 사그라지지 않고 계속 남아 있다. 쿠르드민주당은 이란과 협력함으로써 이란 내의 쿠르드민주당에 등을 돌리는 결과를 초래했다. 무스타파 바르자니가 지휘하는 게릴라 특공대는 3만 제곱킬로미터에 해당하는 영토를 수비했으며, 이라크 군대는 정권이 지속되는 동안 3만 제곱킬로미터 중 1제곱킬로미터도 탈환하지 못했다.[15] 쿠르드인들이 자신들의 지역을 방어할 수 있었던 여러 가지 요인 중 하나는 이 지역이 산악지역이라는 점이었다.

바르자니 진영과 탈라바니 진영은 1960년대 말에 잠정적으로 평화 조약을 체결했지만, 두 진영의 분열로 인해서 생긴 상처는 매우 깊었다.

휴전 기간 동안 바그다드는 자신의 이중적 성향을 그대로 드러내며 여러 가지 작전을 수행했다(바르자니의 장남에 대한 암살 기도를 하고, 시아파 쿠르드인 '파일리faili' 집단을 이란으로 추방했으며, 무스타파 바르자니에 대한 암살 기도를 했다).

1972년 사담 후세인은 모스크바와 친선 조약을 맺었으며, 이로 인해서 이라크 공산당은 무스타파 바르자니에 대한 지지를 철회했다. 왜냐하면 무스타파 바르자니가 은밀하게 미국과 이스라엘에 접근했다고 생각했기 때문이다(또는 미국과 이스라엘이 먼저 접촉을 시도했다). 그다음 해에 쿠르드민주당의 바그다드 본부에서 자살 테러가 발생했다. 무스타파 바르자니는 운 좋게 또 한 번 테러를 피할 수 있었다. 그리고 1973년 10월 이스라엘·아랍 지역의 중동전쟁이 일어나자 석유 생산국들은 석유 파동을 일으켰으며 이로 인해서 1년 사이에 석유 가격이 네 배로 뛰었다. 갑자기 하늘에서 떨어진 만나와 같은 수입의 증가로 평화 협상은

---

15 Ismet Cheriff Vanly, *Le Kurdistan irakien, entité nationale. Études sur la révolution de 1961* (Neuchâtel: La Baconnière, 1970).

곧바로 결렬되었다.

전쟁이 재개되자 이란의 도움을 계속해서 받고 있었던 무스타파 바르자니[16]는 물자 보급로를 마침내 확보하게 되었고, 이를 통해서 게릴라전에서 점차적으로 벗어날 수 있었다. 반면 사담 후세인은 이라크를 강화할 수 있는 재원을 마련하자 골칫덩어리 장애물 쿠르드를 제거할 방법을 궁리하게 되었다.

알제리 조약과 '무로 끝난 혁명'

1974년 2월 말에 쿠르드민주당은 바그다드에 거주하는 그의 당원들과 주지사들 그리고 중요한 정치인들을 비밀스럽게 소집했다. 그리고 그들은 3만 제곱킬로미터에 해당하는 그들의 통치 지역 어딘가로 자취를 감추었다. 이라크 정부는 1974년 3월 11일 새로운 법령을 제정해 쿠르드족에 이를 수용하라는 최후통첩을 보냈다. 이 법령은 쿠르드 자치권을 세 개의 주에 한정한다는 내용이었는데, 이 세 주는 쿠르디스탄으로 인정된 공식 지역 외곽에 위치하는, 절반만 쿠르드 지역에 해당하는 지역이었다. 이와 더불어 쿠르디스탄에 보장되었던 자유도 빼앗아버렸다. 3월 12

---

16   잘랄 탈라바니는 이라크의 도움을 계속 받고 있었다.

일을 기점으로 내전이 다시 시작되었는데, 이라크 군대는 이란의 무기로 무장한 쿠르드 군대의 끈질긴 저항을 저지하기에 역부족이었다. 1년 내내 계속되었던 이라크와 쿠르디스탄의 교전은 미국 국무장관 헨리 키신저Henry Kissinger가 이란과 이라크 사이의 분쟁을 중재하면서 종결되었다.

미국과 이집트의 중재, 그리고 소비에트 연방의 동의로 이란의 통치자와 사담 후세인 사이의 면담이 성사되었는데, 이들의 면담은 1975년 3월 6일에 알제리 대통령 우아리 부메디엔Houari Boumedienne의 주최로 열린 석유수출국기구OPEC 회담에서 이루어졌다. 양국은 역사적으로 상당히 중요한 의미가 있는 조약을 체결했는데, 이 조약은 이란에 유리한 입지를 보장해주었다. 이 조약으로 이라크는 이란의 영향력이 강화되고 있던 샤트알아랍강 Shatt-al-Arab의 절반을 이란에게 내주게 되었다. 이에 대한 조건으로 이란은 이라크 지역의 쿠르드 해방 운동에 대한 테헤란의 지지를 철회하기로 약속했다.

이 조약의 체결로 무스타파 바르자니는 그가 별로 신뢰하지 않았던 이란뿐만 아니라 이란보다 조금 더 신뢰했던 미국으로부터도 배신당했음을 확인했다. 모든 운송 통로는 일시에 차단되었으며, 바르자니는 완전히 고립된 상태에서 전투를 종결시킬 수밖에 없었다. 병들고 늙어서 지쳐버린 통치자는 그의 전우들과 함께 이란으로 피신했으며, 그 이후에 새로운 지지를 얻기 위해서 미국에 호소하기도 했으나 결국 세력을 회복하지 못하고 소멸하고 말았다.

이 조약으로 이라크의 쿠르드인들은 완전한 붕괴에 직면하게 되었다. 수십만 명에 이르는 쿠르드인들은 이라크의 억압을 피해 이란으로 피난했다. 수많은 마을이 파괴되었으며, 수만 명의 쿠르드인들은 이라크 남부로 강제 이주당했다.

1975년 6월 잘랄 탈라바니가 다마스쿠스에서 최악의 조건에도 불구하고 쿠르드애국동맹 설립을 모색하는 동안, 쿠르드민주당의 잔존 세력들은 게릴라 부대를 조직했는데 이 부대는 사미 압둘 라만Sami Abdul Rahman과, 무스타파 바르자니의 두 아들인 이드리스Idriss와 마수드Masoud가 이끌었다. 1975~1979년에 바르자니 진영과 탈라바니 진영은 계속 갈등 관계 속에서 대립했는데, 1979년에 이 지역의 정세를 뒤흔드는 사건이 발생했다. 이란의 아야톨라 루홀라 호메이니Ayatallah Ruhollah Khomeini가 혁명을 일으켜 중동 지역의 핵심 세력으로 부상하게 된 것이다. 호메이니의 이란 혁명은 쿠르드의 운명에도 많은 영향을 미쳤다. 중동 지역이 호메이니의 혁명으로 요동치는 동안 쿠르드족은 계속해서 내부 갈등으로 분열되어 있었으며 오랫동안 고립 상태를 면치 못했다.

쿠르드족의 부족주의적이며, 씨족중심적 그리고/또는 가족중심적인 조직 행동 양상은 상식적으로 이해하기 힘든 면이 있다. 복수까지도 허용하는 조직의 명예 수호는 부족 문화에서 핵심적인 역할을 해왔다. 근대화, 특히 도시화의 영향으로 이러한 행동 양상이 변화되긴 했지만 그 근본정신은 계속 유지되고 있다. 이는 특히 다른 사회와 전혀 접촉해보지 못한 부족들에게서 두드러지게 나타나고 있다. 가족의 뿌리에 대한 존중은 결속력이 강한 공동체에서 부족적인 의미에서건 더 넓은 의미에서건 제일 핵심적인 이념으로 남아 있다. 이와 같은 이념은 쿠르드족뿐만 아니라 동양의 민족 대부분의 특성이기도 하다. 특히 산악 지역의 거주민들이나 베두인족에게서 이러한 성향이 두드러지게 나타난다.

유럽으로부터, 그다음으로 미국으로부터 이식된 새로운 개념들은 대개 선언문이나 정책 내용 안에 포함된 문자에 불과하다. 민족국가라는 개념은 종교를 정체성의 지표로 삼는 대부분의 근동 국가들(페르시아인들은 예외에 속하고 어떤 면에서 이집트도 예외에 속한다고 볼 수 있다)에서 절대로 정체성의 지표가 될 수 없다. 물론 터키처럼 몇십 년 동안의 케말주의kemalism(터키 개혁자 케말의 개혁 기본 원리—옮긴이)를 실행함으로써 민족국가에 대한 개념이 확립된 경우도 있다.

사회적 관계나 공동의 이익을 중심으로 형성된 부족 및 단체(아사비야assabiyya)의 기본 정신이 아직까지 중요한 역할을 하고 있다. 예를 들어 이라크는 크게 볼 때 수니파, 시아파, 또는 쿠르드족으로 구성되는데, 이러한 공동체적 귀속감은 다른 종류의 연대감이나 충성을 통해 결성되는 정당 지지자들의 연대감보다 훨씬 더 중요시된다.

따라서 이러한 공동체는 적절한 술수나 억압을 통해서만 보존되는데, 이는 지위 부여, 봉급 또는 다른 이득을 빌미로 한 종속 관계를 통해 유지되고 있다. 그러므로 국가의 이익 자체는 지도층의 주 관심사가 아니었으며, 제한된 범위 내에서만 논의되었다.

바르자니 장군은 미국의 국무장관 키신저에게 도움을 요청했지만, 키신저는 이를 거부했다. 미국은 알제리 조약이 맺어지기 전인 1973년 쿠르드 민족운동 단체에 1억 6000달러를 지원했으며(이란에는 1972년에 지원했다), 전쟁을 계속하라고 부추기면서 이란과 미국중앙정보국CIA을 통해서 물자를 지원하겠다고 약속했다. 소비에트 연방은 1974년 최후 중재를 시도하긴 했지만, 1973년부터 이미 이라크 공산주의자와 협력하고 있었던 바트당 정권을 계속 지원했다. 그리고 쿠르드의 마지막 연맹국이었던 이스라엘은 전혀 반응을 보이지 않았다.

바르자니는 이란의 통치자를 만나기 위해서 이란에 투항했는데, 이란의 통치자는 바르자니가 5년 전에 그와 의논하지 않고 이라크와 조약을 맺었다는 사실에 대해 비난을 퍼부었다. 그럼에도 불구하고 그는 바르자니에게 망명을 허용했다.

연맹국 이란과 미국의 배신으로 '아시바탈Ashbatal(빈 방앗간)'

이라고 불리는 '무로' 끝난 혁명은 쿠르드족에게 엄청난 실망을 안겨주었다. 하지만 이란의 통치자는 이로 인해 일어날 파장에 대해서 분명하게 직시하고 있었다. 쿠르드가 무장 해제되면서 모든 국경선은 봉쇄되었으며 원조도 중단되었다. 수십만 명에 이르는 난민들이 '해방구역'으로 피신했는데, 이들의 거주 시설과 식량 보급은 폭격으로 파괴된 지역보다 더 열악했다.

거의 18만 명에 이르는 쿠르드인들은 결국 이란을 떠났으며, 20만 명은 이라크 남부 지역으로 강제 이송되었는데, 이들 중 대부분이 살아남지 못했다. 이란은 쿠르드 난민에 관한 어떠한 정치 활동도 금지했다.

1976년부터 쿠르드민주당은 사미 압둘 라만의 지휘 아래 이라크와 유럽에서 재조직을 모색하고 있다. 쿠르드민주당의 제9회 전당대회에서 무스타파 바르자니의 아들 마수드 바르자니Masoud Barzani가 총재로 선출되었다. 이 기간 동안 이라크 쿠르디스탄 남부 지역에서는 잘랄 탈라바니가 이끄는 쿠르드애국동맹이 핵심 군사 세력으로 부상했다.

이란·이라크 전쟁

사담 후세인은 바트당 내부의 무수한 경쟁자들을 제거하면서 대통령으로 즉위했다. 그리고 1980년 9월 17일 텔레비전 토론에서 이라크에서 일어난 테러 행위의 배후자가 이란이라고 지목하면서 1975년 알제리 조약을 폐기한다고 선포했다. 이라크 군대는 9월 22일 아직도 혁명의 소용돌이에서 헤매고 있던 이란을 선제공격했다. 프랑스와 소비에트 연방을 비롯한 연맹국의 도움으로 사담 후세인은 자신의 군대를 최신 장비로 무장했으며, 또한 호메이니가 이끄는 이슬람 공화국에 대해 적대감을 가지는 많은 국가들의 지지를 받고 있다고 확신했다.

전쟁 초기에 이라크 군대는 이란 남부와 서부 지역의 항구 도시와 유전 지역을 쟁취했지만, 이란 군대는 1982년 여름 이 지역을 재탈환하는 데 성공했다.

바그다드의 휴전협정 제안에도 불구하고 이란은 6년 동안 전쟁을 지속했다. 페르시아 제국의 계승자로서 이라크보다 세 배나 많은 인구와 우수한 군대를 보유하고 있었던 이란은 종교적 열정에 휩싸여서 시아파와 쿠르드 소수민족으로 구성된 이라크를 정복할 수 있다고 생각했다. 하지만 이란은 심각한 경제적 위기에 봉착하면서 이라크 정복에 실패했다. 반면 이라크는 사회주의 국가들과 서구 국가들의 지원을 받고 있었으며 또한 페르시아만 왕국들의 지지도 받고 있었다. 게다가 이란의 지도자들은 이라크의 화학 무기 사용과 일반 시민들을 향한 무차별한 폭격으로 쩔쩔매게 되었다.

쿠르드 집단 학살(안팔[17])

키르쿠크, 카나킨, 신자르 유전 지역의 아랍화 정책의 일환으로 쿠르드인들은 인구 분산을 위한 강제 이주를 이미 경험했으며 전쟁과 폭격도 여러 번 겪었지만, 이러한 경험들은 이란·이라크 전쟁 기간 겪은 고난에 비하면 아무것도 아니었다.

1980년 사담 후세인은 갑자기 '사파비 왕조(16~18세기 시아파 페르시아를 지배했던 왕조)에 속하는' 이라크인은 이란에 속한다고 공표하면서, 그들을 추방하고 그들의 소유물을 압수할 것을 지시했다. 사파비 왕조에 속하는 대부분의 사람들은 시아파에 속하는 파일리 쿠르드인들이었다. 이 정책으로 대략 7000명에 이르는 젊은 청년들이 자취를 감추었다. 이들이 모두 처형당했다는 사실이 2003년에 밝혀졌다.

1983년 사담 후세인은 5000명에서 8000명에 이르는 바르잔 도시 지역 출신 쿠르드인들을 체포했다. 그들은 즉시 처형되었으며 사우디아라비아 국경 근처의 공동묘지에 매장되었는데, 2003년 이 시체들이 발견되었다. 1984년부터 바그다드는 마을들을 조직적으로 파괴하기 시작했으며 마을 주민들을 강제 수용

---

17 꾸란 수라의 제목으로, 이 수라는 '이교도들'의 부녀자들과 자식들을 모두 전리품 (anfal)으로 쟁취하라고 조장한다.

소로 이주시켰다. 1987년부터 사담 후세인의 사촌 알리 하산 알 마지드Ali Hassan al-Majid가 바르잔 지역을 통치하게 되었는데, 그는 우선적으로 이 지역의 인구조사를 시행했다. 그가 실시한 인구 조사에 등록된 사람들이나 '수용소'에 수용된 사람들만이 식량 배급을 받을 수 있었으며, 마을이나 수용소 외부에 거주하는 사 람들은 식량 배급에서 제외되었다. 바르잔을 제외한 나머지 쿠 르디스탄 지역은 진입 금지 구역으로 선포되었으며, 이 지역에 거주하는 모든 사람들은 추방당했다. 이라크 군대는 이 지역 내 의 모든 생명체와 문명을 파괴하라는 명령을 받았다. 결국 우리 가 '안팔Anfal'이라고 부르는 최후의 집단 학살은 다음과 같이 진 행되었다. 쿠르디스탄 전 지역은 이라크 군대의 집중 포격과 공 군의 폭격을 받았으며, 때로는 화학 무기가 사용되기도 했다. 이 라크 지상병들과 장갑 부대는 일반 시민들과 잔존한 페시메르가 병사들을 포위했다. 생존자들은 여러 그룹으로 나뉘어 거대한 요새에 감금되었다가 이라크 남부로 이송되었다. 2003년 영국과 미국 연합군이 이라크를 침공한 직후에 강제 이송자들의 시체가 대량으로 발견되었다. 대략 20만 명에 달하는 쿠르드인들은 이 란과 터키로 도주했다. 안팔 학살의 희생자 대부분은 일반 시민 이었으며, 희생자는 최소한 10만 명으로 추정된다(희생자 숫자가 18만 명에 이른다고 주장하는 사람들도 있다).

1988년 3월 16일 쿠르드애국동맹에 속하는 페시메르가 민병대는 7만 명 정도가 거주하는 이란 근처의 도시 할랍자Halabja를 점령하는 데 성공했다. 사담 후세인은 곧 할랍자를 폭격하라는 명령을 내렸다. 이미 폭격에 익숙했던 민간인들은 참호로 들어가 폭격을 피했는데, 이를 파악한 이라크 군대는 주민들이 거주하는 지하나 참호 속으로 스며들 수 있도록 공기보다 무거운 독가스를 투입하라는 명령을 내렸다. 단 몇 분 만에 5000명의 민간인이 즉시 독사했으며, 다른 수천여 명은 이라크 병원들이 수용을 거부하는 바람에 치료를 받지 못하고 고통에 시달려야 했다. 오늘날까지 이 지역 주민들은 암과 선천적 기형에 계속 시달리고 있다.

사담 후세인은 그가 휘두르던 권력의 최고점에 달해 있었다. 그는 이란의 개혁 반대주의자들로 인해 파생된 위협 때문에 서구권뿐만 아니라 동구권에도 도움을 요청할 수 있다고 생각했다. 전쟁이 끝났을 때 사담 후세인이 아랍의 여러 국가들에서 얻은 빚은 600억 달러에 달했다. 소비에트 연방과 중국은 무기 공급과 군대 훈련을 지원했으며, 1972년부터 프랑스는 최첨단 군사 장비를 제공했다. 프랑스는 328개의 미라주 전투기와 전투 헬리콥터, 대전차 미사일과 무기, 그리고 1년 동안 16킬로그램의 플루토늄(1945년 나가사키에 투여된 핵폭탄과 같은 용량)을 생산할 수 있는 오시라크Osirak 원자로를 제공했다. 독일은 화학 무기와 생물학 무기를 생산하는 데 필요한 기본적인 시설과 기술을 제공했다. 이라크, 특히 사마라Samarra에서 생산된 화학 무기는 이란 군대와 이라크의 쿠르드 민간인을 상대로 사용되었다. 미국은 민간용 헬리콥터를 제공했는데, 이는 후에 전투 헬리콥터로 개조되었으며 또한 최첨단 레이다 시설과 정보를 제공했다. 이탈리아는 대인 지뢰와 대전차 지뢰를 제공했으며 그 외에 여러 가지 군사 시설도 지원했다.

이란과 전쟁을 끝낸 후 사담 후세인은 이웃 산유국인 쿠웨이트로 눈길을 돌렸는데, 이는 그의 착오였다. 사담 후세인이 소국인 쿠웨이트를 침공해 합병하자 국제사회는 사담 후세인에게 등을 돌리게 되었고 사담 후세인을 향해 전쟁을 선포했다. 이 전쟁은 미국과 유엔의 후원 아래 진행되었으며 이라크 바트당의 소멸을 목표로 시작되었다.

제2차 걸프 전쟁부터 대탈출까지

쿠웨이트는 1899년부터 영국의 보호령에 속해 있었다. 쿠웨이트는 지리상으로 이라크의 출구에 위치한 나라였기 때문에, 1935년 쿠웨이트 의회는 이라크와의 합병을 결정했지만 영국은 이를 거부하고 쿠웨이트를 유엔에 가입시켰다. 쿠웨이트의 유엔 가입은 이라크 바트당이 도저히 용납할 수 없는 사건이었다. 카셈 장군은 1959년에 쿠웨이트를 침공하겠다고 협박했으며, 실제로 이라크는 1973~1978년에 쿠웨이트 부비얀Bubiyan섬을 군사적으로 점령하기도 했다.

이란·이라크 전쟁 이후 쿠웨이트는 원유 가격을 하향 조정했는데, 이로 인해서 이라크는 경제적으로 타격을 받았으며 사회 전체의 기반이 흔들리게 되었다. 게다가 쿠웨이트는 아랍에미리트와 연합해 이라크가 쿠웨이트에 진 빚을 국제 은행에 팔아버리겠다고 위협했다. 이라크는 이란과 전쟁을 치름으로써 쿠웨이트에 진 빚에 대한 '피의 값'을 치렀다고 생각했으며, 사담 후세인은 빚진 돈을 전쟁에 대한 대가로 생각했다. 사담 후세인은 연설에서 자신이 얼마나 쿠웨이트를 안타깝게 여기는지에 대해서 피력하기도 했다. 그가 생각하기에 쿠웨이트는 역사적으로 이라크의 일부분이며, 제국주의 세력이 이라크를 약화시키기 위해서 쿠웨이트를 독립시킨 것이라고 주장했다.

사담 후세인은 1990년 8월 2일에 전쟁을 선포했다. 몇 시간 만에 소小군주국 쿠웨이트는 정보국 정보원들과 지상군과 공군의 특수 부대로 구성된 이라크 공화국 요원들의 통제하에 들어갔다. 국제사회는 이라크의 쿠웨이트 합병을 불법으로 간주하고 유엔 안전보장이사회의 결의안 660호에 따라 이라크의 후퇴를 요구했다. 그런데 이러한 결정이 이루어지기도 전에 미국은 페르시아만에서 이라크와 쿠웨이트의 항구들을 봉쇄하는 해상 작전에 착수했다. 안전보장이사회는 이라크와 이라크의 피점령국 쿠웨이트에 대한 전례 없는 봉쇄 정책을 결정했다. 1990년 8월 6일에 선포된 결의안 661호는 이라크에 대한 무기 조달과 모든 상업 행위를 금지하고, 외국에 있는 이라크와 쿠웨이트의 자금을 동결시켰다. 그 어떤 나라도 이라크의 쿠웨이트 합병을 인정하지 않았지만 이라크는 그럼에도 불구하고 물러서지 않았다. 이라크는 유엔으로부터 쿠웨이트에서 1991년 1월 15일 이전에 떠나라는 최후통첩을 받았지만, 전혀 동요하지 않았다. 그리하여 미국과 프랑스, 영국 공군을 중심으로 이루어진 전투기들이 1991년 1월 17일을 기점으로 이라크에 폭격을 가하기 시작했다. 제2차 걸프 전쟁은 이렇게 시작되었다. 제1차 걸프 전쟁은 이라크와 이란의 전쟁을 일컫는다. 연합군은 3일 만에 이라크 군대를 쿠웨이트에서 몰아냈으며 이라크 영토 내 200킬로미터 전방까지 전진했다. 결국 미국은 1991년 2월 27일 휴전에 동의했다. 그 당시 바그다드의 함락이 바로 코앞에 있었지만, 조지 허버트 워커 부시George Herbert Walker Bush 대통령은 적대 행위를 중단시키고 휴전을 종용했다.

휴전협정 체결 후에 부시 대통령은 이라크 시민들에게 사담 후세인 정권을 향해서 반란을 일으키라고 부추겼다. 시아파와 쿠르드인들은 미국 정부가 이라크 정권을 몰락시키는 데 도움을 줄 것이라고 굳게 믿었지만, 이러한 생각은 착각이었다. 이미 앞에서 언급했듯이 이들의 반란에 대한 진압은 아주 잔인하게 이루어졌으며, 때때로 서구 군대가 주둔한 지역에서 몇 킬로미터 밖에 떨어지지 않은 곳에서도 서슴지 않고 자행되었다. 이와 같은 사실은 연합군이 사담 후세인 정권을 보전하려는 의도를 품고 있었다는 사실을 증명한다. 왜냐하면 사담 후세인은 점점 세력을 확장하고 있었던 시아파 이란의 방어막으로서 가치가 있었기 때문이다. 그 당시 이란은 아랍에미리트에 속하는 세 개의 섬과 바레인, 그리고 이슬람 국가 오만에 대한 개입 권리를 주장하기 시작했다. 반反미국주의로 대변되는 이란 이슬람 정권의 확장주의는 서방 세계 자체를 동요시켰다. 따라서 서방 세계는 이라크가 시아파 주도의 이란에 대항하는 방패막이가 되어주기를 원했다. 서구 세계의 지원이 중단될 경우 이라크 정권은 이라크 인구의 대부분을 구성하는 시아파에게로 넘어갈 가능성이 컸기 때문이다.

이라크의 쿠웨이트 침공으로 미국은 중동 지역의 여러 나라에 미국 군대를 영구적으로 주둔시킬 수 있는 구실을 얻게 되었다. 이 나라들 중에는 사우디아라비아도 포함되었는데, 사우디아라비아의 미군 주둔지 중에 무슬림들이 성역으로 여기는 지역도 포함되었기 때문에 이슬람 세계의 반감을 불러일으키게 되었다.

한편 쿠르드인들은 사담 후세인의 민족 학살 정책 이후 재건에 큰 어려움을 겪고 있었다. 페시메르가 쿠르드 민병대가 이란으로 도주해버리자, 사담 후세인 정권은 산악 지역에 거주하는 모든 생명체를 소멸했으며, 페시메르가 민병대가 설치한 대인 살상용 지뢰도 제거했다. 그리고 이라크 순찰대들은 쿠르드 민병대들이 이 지역에서 모임을 가지는 것을 완전히 금지시켰다. 기근과 추위 그리고 군사적 억압은 민병대들의 생존을 거의 불가능하게 만들었다. 1987년 8개의 정당이 모여 설립된 쿠르디스탄 전선은 3월 초에 이라크 내륙 지방의 쿠르드인들을 지원하기 위해서 페시메르가 민병대를 이라크 내륙 지방에 투입했다. 이라크에 거주하고 있던 쿠르드인들은 이라크 군대가 쿠웨이트 전쟁에 집중하고 있는 틈을 타서 3월 5일부터 도시 란야Ranya에서 봉기를 일으켰다. 이어서 술라이마니야에서도 봉기를 일으켜서 술라이마니야 주변 지역을 장악하게 되었다. 3월 11일에는 아르빌, 그리고 17일에는 다후크를 차례로 점령했다. 그다음 목표는 쿠르드인들에게 상징적 의미를 지니며 전략적으로도 중요한 의미가 있었던 키르쿠크를 점령하는 것이었는데, 키르쿠크는 이라크 공화국 수비대와 정규 군대 그리고 이란의 무자헤딘Mujahedin 민병대가 철저히 방어하고 있었다. 게다가 키르쿠크에는 이 지역의 식민지화와 아랍화를 위해서 이라크 남부로부터 많은 주민이 유입된 상태였다. 그럼에도 불구하고 키르쿠크 공격은 철저하게 준비되었으며 결국 진입에 성공했다. 하지만 진입한 지 며칠 만에 병력 부족으로 도시 방어에 어려움을 겪게 되었다. 엄청난 폭격을 앞세운 공화국 수비대의 반격으로 키르쿠크 시민들은 혼란에 빠지게 되었으며 쿠르드 민병대들은 서둘러서 후퇴하게 되었다. 연합국은 이 작전에서 이라크 공군의 공격을 허용함으로써 다시 한번 사담 후세인 정권을 지지하고 있다는 사실을 분명하게 보여주었다.

3월 말경에 키르쿠크를 탈출한 난민들은 다른 지역으로 뿔뿔이 흩어졌으며 이를 통해 다른 지역 주민들의 사기는 저하되었다. 아르빌과 다후크는 다시 이라크 군대가 장악하게 되었고 술라이마니야는 4월 2일을 마지막으로 이라크 군대에 넘어갔다. 도시와 '인구 밀집 지역'은 시민들의 탈출로 텅 비게 되었다. 수백만의 민간인들은 4월의 추위와 집중 호우가 이어지는 가운데 우선 북부 산악 지역으로 탈출했으며, 그 후 이란과 터키로 망명했다. 모든 운송 수단을 동원해서 민병대보다 앞서 탈출을 시도했던 민간인들의 끝없는 행렬을 향해 이라크 공군의 헬리콥터들은 폭탄을 투하했다. 민간인들은 트랙터와 구급차, 대중교통 수단, 심지어 쓰레기 수거차를 이용해서 탈출을 시도했는데, 대부분은 운송 수단 없이 걸어서 탈출해야 했다. 쿠르디스탄의 모든 생명체는 소멸되었으며, 나무들은 벌채되고 대인 살상용 지뢰로 채워졌다. 심지어 바티칸 교황은 쿠르드인들의 탈출을 성경에 나오는 유대인들의 탈출에 비유하기도 했다. 200만 이상의 쿠르드인들이 난민 행렬에 합류했는데, 터키와 이란은 이들을 받아들이기를 거부하면서 국경을 폐쇄했다. 사실 이렇게 엄청난 숫자의 난민들을 지원한다는 것은 불가능한 일이었고, 더군다나 이 난민들이 터키나 이란 지역에 거주하고 있는 쿠르드인들을 혼란에 빠트릴 위험이 있다는 이유 때문에 거부할 수밖에 없었다.

추측건대 터키와 이란의 국경 지역에서 매일 800명에서 3000명에 이르는 쿠르드인이 목숨을 잃었는데, 이는 이라크에서 이미 목숨을 잃은 사람과 폭격으로 목숨을 잃은 사람을 제외한 숫자이다. 어린아이와 노인은 탈출 행렬에서 거의 살아남지 못했다.

결의안 688호와 쿠르드 자치구

쿠웨이트 전쟁이 일어나기 전에 쿠르드인들은 국제사회의 관심을 끌기 위해 계속 노력했지만 별다른 성과를 거두지 못하고 있었다. 국경 문제에 대한 불가침성 때문에 쿠르드 문제는 계속 해결 불가능한 문제로 남아 있을 수밖에 없었으며, 어떤 국가도 앙카라나 테헤란, 그리고 아랍연맹과의 관계를 불편하게 만들고 싶어 하지 않았다. 게다가 국경 지역 난민 문제 때문에 골치를 앓고 있던 터키와 이란은 모두 유엔 안전보장이사회 이사국이었다.

결국 이 지역에서 활동하는 기자들이 최악의 상황에서 피신하고 있는 난민 행렬에 대해 보도함으로써 국제사회의 원조가 시작되기를 기대할 수밖에 없는 상황이었다. 걸프 지역에 주둔하고 있던 서구 병력의 신속한 군사적 개입은 과연 불가능했을까? 국제사회의 여론이 점차 조성되기 시작하자 주변 국가들은 이러한 여론을 받아들일 수밖에 없는 처지에 놓이게 되었다.

1991년 4월 2일에 열린 안전보장이사회에서 프랑스는 예상 밖의 결의안을 제안했다. 프랑수아 미테랑François Mitterrand 대통령은 유엔이 쿠르드 억압에 대한 제재 조치를 취해야 한다고 호소했으며 만약 유엔이 자신의 의견을 받아들이지 않을 경우 프랑스 단독으로 인본주의적·외교적 조치를 취하겠다고 공표했다.

영국의 수상 존 메이저John Major는 미국의 동참을 요구하면서 긴급 원조 물자를 보내줄 것을 요청했다. 부시 대통령은 이러한 요구에 대해 소극적인 태도를 보였지만, 이러한 소극적인 태도 때문에 자신이 속한 정당에서조차 엄청난 비난을 받았다.

프랑스는 쿠르드족에 대한 이라크의 억압 행위를 법적으로 처벌해야 한다고 주장했으며, 이라크의 모든 군사적 행동을 중지시키고 쿠르드족을 돕기 위한 국제적 원조가 즉각 이루어져야 하며 필요에 따라서 이라크 시민 전반에 대한 원조도 병행되어야 한다고 주장했다.

하지만 이 결의안은 중국과 인도, 소비에트 연방을 비롯한 제3세계 국가들에 불이익을 초래하는 전례를 남길 수 있는 위험의 소지를 안고 있었다. 왜냐하면 이 결의안으로 인해서 국가의 주권 자체가 위험에 빠질 수 있기 때문이었다. 하지만 프랑스 외교부는 모든 수단을 동원해서 1991년 4월 5일 결의안을 표결에 부쳤으며, 소비에트 연방을 비롯한 10개 국가가 결의안에 동의했다.

결의안 688호는 오늘날 인도주의적 내정 간섭 원칙을 보장하는 본보기로 여겨진다. 하지만 이 결의안은 실제적으로 예외적인 경우에만 적용되는데, 이는 유엔 헌장의 제2항에서 유엔의 내정 간섭을 특별한 경우에 한해서만 허용하고 있기 때문이다. 즉, 유엔은 한 국가가 국제적 평화와 안정을 위협할 경우에만 내정에 간섭할 수 있다는 원칙을 기본적으로 지키고 있다. 이라크의 경우가 이 조항에 해당되는데, 왜냐하면 이라크의 억압으로 인해서 수많은 난민들이 국경 지역을 통과해야 했기 때문이다.

실제로 유엔의 안전보장이사회가 주권국가의 내부 문제에 대해서 공식적 제재를 허용한 것은 처음이었다. 그리고 프랑스 덕분에 쿠르드 소수민족의 문제는 1932년 이후 처음으로 국제 공식 문서에서 거론되었다.

결국 부시 대통령은 사막의 폭풍 작전 이후 계속 중동 지역에 주둔하고 있었던 연합군이 쿠르드 문제에 개입하는 것을 허용했다. 이 작전은 수십만 명에 이르는 난민의 귀환을 목적으로 하며, 이는 온전히 인도적인 차원에서 이루어져야 한다는 조건하에 실행되었다.

안전보장과 안전구역 작전

1991년 4월 8일에 열린 유럽경제공동체 정상회의에서 영국은 쿠르드인들을 위한 보호구역 설립(안전구역Safe Haven 작전)을 제안했다. 이틀 후에 미국은 영국의 제안에 덧붙여서 위도 36도 북부 지역에 해당하는 쿠르드 지역에 이라크 공군의 비행을 금지하는 조항을 마련했다. 이 안전구역에 대한 제안은 그 어떠한 추가 조항도 허용하지 않는 결의안 688호에 기초한다. 이 제안은 비록 구체적인 법적 효력에 대한 언급이 부재한 상태에서 추진되었지만, 쿠르드족 자치구역 확보를 향한 첫걸음이었다.

4월 16일 미국 군대는 프랑스 그리고 영국 군대와 함께 터키와 이라크 국경을 통과해 이라크 내 '안전구역' 안에 주둔지를 설치했다. 이 작전이 바로 안전보장Provide Comfort 작전이다. 이러한 작전에 전면적으로 대응하기 위해서 바그다드는 모든 통치 지역의 공무원들을 총동원해 쿠르디스탄을 완전히 봉쇄해버렸다. 사담 후세인 정권은 또한 쿠르드족의 내전을 부추겨서 쿠르드인들이 스스로 통치할 능력이 없음을 증명하고자 했다. 쿠르드 내전은 이라크가 이 지역을 재점령할 수 있는 구실을 제공하기 때문이었다.

1961년 이후로 쿠르드인들은 더 이상 독립을 주장하지도 않았으며 그들이 주거하는 마을을 스스로 통치해본 적도 없었다. 그런데 서구의 일방적인 결정으로 쿠르드인들은 인구가 400만 명에 이르는 도시를 갑자기 통치해야만 하는 상황에 처하게 되었다. 도시의 인구가 갑자기 증가한 것은 대부분의 쿠르드인들이 거주했던 농촌 지역이 폭격으로 완전히 파괴되었기 때문이다. 여덟 개의 정당으로 이루어진 쿠르디스탄 전선은 적들로 완전히 포위된 4만 2000제곱킬로미터에 해당하는 지역을 통치하라는 임무를 부여받았다. 하지만 석유 매장량이 풍부했던 신자르, 줌마르Zummar, 모술, 키르쿠크, 카나킨 등의 지역은 계속 바그다드의 통제를 받았다. 그리고 이라크 군대는 쿠르드인들이 거주하는 마을에서 불과 몇 킬로미터 떨어진 지역에 주둔지를 세우고 모든 도로를 통제했다. 아르빌과 다후크 사이를 자동차로 주행하는 데 걸리는 시간은 한 시간 반에 불과하지만, 이라크의 통제때문에 쿠르드인들에게 인도주의적 물자를 제공하기 위해서 산악 지역을 여섯 시간이나 통과해야 했다. 전화 통신은 큰 도시에서만 가능했으며, 우편 업무는 완전히 중단되었다. 전기 공급과일부 상수도 시설은 여전히 이라크의 통제를 받고 있었다.

쿠르드 농촌 지역은 90% 이상이 황폐화되었으며, 4500개의마을이 파괴되고, 26개의 도시가 손상을 입었다. 손상을 입지 않았던 도시들은 거대한 빈민촌이 되어버렸다. 10만 명 정도의 인구가 거주했던 아르빌은 1991년 75만 명 이상의 난민들로 넘쳐나게 되었다. 키르쿠크와 키르쿠크 주변의 유전 지역에서 추방당한 쿠르드인들은 80만 명 이상이었으며, 이들은 일정한 거주지 없이 떠돌아다니는 신세가 되었다. 농업경제는 완전히 파괴되었으며, 지뢰가 설치된 지역과 실업자 수는 기하급수적으로 불어났다. 바트당 정권은 운송 수단 연료를 비롯한 식량 배급을 일체 금지시켰다.

자치를 위한 정치조직체

중도주의적 입장을 표방하는 몇 개의 정당들이 모여서 자치 조직을 구성했지만 선거를 치르지 않고 민주주의적 토대를 마련하기에는 역부족이었다. 쿠르드민주당의 지도자 마수드 바르자니는 민병대를 대치할 정규군 창설을 제안했으며, 선거를 통한 정치제도를 정착시키기 위해서 의사 결정 기관을 통일시키거나 재구성해야 한다고 주장했다. 바르자니는 1975년과 1991년에 서구 국가들에 두 번이나 배신당했던 경험에 비추어 서방 세계의 지원을 별로 신뢰하지 않았다. 그는 자신이 지닌 역사적 정당성과 인기에 힘입어 쿠르드 대중의 지지를 얻을 수 있다고 확신했으며,

진정한 자치권을 확보하기 위해서 바그다드와 직접 교섭하기를 원했다. 바르자니 자신도 망명을 경험했기 때문에 이웃 국가들로 도주했던 수십만 명에 해당하는 쿠르드인들에게 쿠르디스탄으로 다시 돌아올 것을 호소했다.

1992년 2월 23일에 쿠르드민주당과 쿠르드애국동맹은 공동으로 선거를 곧 준비하겠다는 선언문을 발표했다. 선거 결과에 상관없이 의회와 연정 정부가 구성될 것이며, 이들 기관은 투표 결과를 무조건 수용해야 한다는 원칙이 정해졌다. 책임을 맡은 정치인들은 정치의 기본 정책과 기관들의 성격을 규정하는 기본법 제정을 우선 과제로 삼았다. 의회에 기초한 정권은 단원제와 이중적 행정부를 기반으로 한다고 결정되었다. 투표는 비례제가 채택되었는데, 이는 최소한 7%의 표를 얻은 군소 정당들을 보호하기 위한 정책이었다.

하지만 진짜 문제는 인구조사를 실시하는 것이었는데, 이는 거의 해결 방법이 없어 보였다. 시민들은 자신의 생년월일을 7월 1일이나 1월 1일 등 실제와 상관없이 임의로 등록했으며 태어난 해도 부정확했다. 이라크 내에서 쿠르드 성의 사용이 금지되었었기 때문에 쿠르드인들은 부친과 조부의 이름을 붙여서 이름을 지었다. 즉, 쿠르드인들은 실제로 이름도 없이 살고 있었다. 쿠르드 출신의 이라크 관료들이 다행스럽게도 이 지역에 계속 머무르며 심지어 봉급도 받지 않으면서 행정 업무를 계속 수행했다. 이들이 바로 선거를 조직한 장본인들이었으며, 경찰은 최소한의 질서를 유지하고 무기 소지는 금지되었다.

이웃 국가들은 쿠르드 선거를 곱지 않은 시선으로 지켜보았는데, 왜냐하면 이들은 쿠르드의 자치권 수립에 전혀 관심이 없었기 때문이다. 쿠르드인들은 선거를 치르기 위해서 여러 NGO 그룹과 서구의 민주주의 정부, 그리고 국제적으로 명망이 높은 여러 인사에게 도움을 요청했다. 다양한 기관에 속하는 46명의 활동가와 다수의 신문 기자가 쿠르드의 초청에 응해서 선거를 지켜보게 되었다.

여러 정당의 질적 수준은 매우 불균등했으며, 쿠르드인들은 커다란 관심을 가지고 정당들이 소집하는 행사에 참여했다. 하지만 정당들의 경쟁 구도는 두 개의 핵심 정당을 중심으로 양분되었다. 하나는 상당히 공격적인 성향을 띤 쿠르드애국동맹이었으며 다른 하나는 자신의 경쟁자에 대해서 방어적인 태도를 취한 쿠르드민주당이었다.

운송 수단과 연료가 부족한 상황에도 불구하고 선거 참여율은 90%로 예상되었다. 그리고 상당히 높은 문맹률(30% 이상) 때문에 모든 후보의 사진이 투표용지에 인쇄되었다. 기표소도 없는 상태에서 선거가 치러졌지만, 국제 선거 감시단은 선거가 민주적으로 치러졌다고 평가했다. 바르자니(쿠르드민주당)는 47.46%를 얻었으며, 탈라바니(쿠르드애국동맹)는 44.84%, 이슬람운동을 주도하는 오트만 압둘 아지즈Othman Abdul Aziz는 3.95%, 마지막으로 사회주의당의 마무드 오트만Mahmoud Othman이 2.37%를 얻었다.

선거 위원회는 선거 결과를 공개하지 않았는데, 이는 선거에 참여했던 군소 정당들이 유권자들의 지지를 전혀 받지 못했다는 사실 때문에 실망하는 것을 방지하기 위한 것이었다. 공산당조차도 7% 득표율을 넘지 못했다. 한편 쿠르드애국동맹은 선거가 무효라고 주장하면서 쿠르드민주당보다 표를 적게 얻은 사실을 받아들이지 않았다.

결국 두 정당은 의석을 공평하게 양분해야 한다는 결론에 도달했다. 쿠르드민주당은 정부 구성에 실패할 위험을 감수하면서 일반 선거구 의석 둘과 아시리아 선거구 의석 하나를 포기했다. 선거 결과가 불러일으킬 파장에도 불구하고 결과는 결국 발표되었으며, 여러 정당은 이러한 결과를 받아들이도록 권유받았다. 최소 7% 원칙은 폐지되지 않았으며, 재선거는 5개월 후로 계획되었다.

우리는 전통과 역사를 자랑하는 쿠르드민주당이 이와 같은 의석 분배에 동의한 사실에 대해 의문을 제기할 수 있다. 하지만 1978년 이후, 특히 1983년 이후부터 쿠르드애국동맹이 쿠르드민주당에 피해를 입혀가면서 이라크 쿠르디스탄 동남부 지역에서 군사적 입지를 점점 강화하고 있었다는 사실을 주지해야 한다. 많은 청년들이 쿠르드애국동맹에 합류했는데, 이는 쿠르드애국동맹이 부르짖는 민족 자결권과 혁명 사상에 이끌렸기 때문이다. 게다가 쿠르드민주당은 독립적으로 쿠르드 자치구역을 지배하기에는 역부족이었고, 즉각 투입이 가능한 군대의 필요성을 절감하고 있었다. 하지만 의석 분배에 동의했던 가장 중요한 이유는 서구 여론에 쿠르드의 통일된 모습을 보여주고 싶었기 때문이다. 마지막으로 민주주의 제도가 아직 정착하지 않은 신생국가에서 야당이 된다는 것은 모든 영향력과 권력을 빼앗기는 것과 같은 의미라는 사실을 이해할 필요가 있다. 만약 쿠르드애국동맹이 쿠르드민주당에 권력을 양보했다면, 쿠르드민주당은 정부의 모든 관직에 자당 소속 정치인들을 임명했을 것이며, 정치의 모든 영역에서 권력을 휘둘렀을 것이다. 결과적으로 쿠르드애국동맹은 정부 정책에 반대 의사를 표시하거나 당원들의 생활을 보장하는 시장이나 시의원 자리도 얻지 못했을 것이다.

공식적으로 쿠르디스탄은 자치구역(쿠르드어로 herêm, 아랍어로 iqlim)으로 선포되었다. 이 용어는 1958~1961년에 아랍 공화국에 귀속되었던 시리아와 이집트를 지칭하는 용어였다.

의회는 105명의 의원으로 구성되었는데 그 구성은 다음과 같다.

• '황색' 계열 쿠르드민주당 50석, 그중 36석은 무소속, 14석은 쿠르드민주당 소속

- '녹색' 계열 50석, 그중 46석은 쿠르드애국동맹, 4석은 쿠르디스탄 프롤레타리아당, 그리고 전체 50석 중 무소속이 18석, 나머지 32석은 두 정당 소속
- 아시리아민주운동 4석
- 쿠르디스탄기독교연맹 1석
- 105명의 의원 중 여성 의원 6명(6명의 여성 의원은 아시리아 출신이 아니라 모두 쿠르드 출신)

내각의장은 행정부의 수반을 맡게 되었으며, 국회의장이 국가 원수가 되었다.

모든 관직은 한 당에서 지명한 인물에, 다른 당에서 지명한 인물이 보조하는 방식으로 충원되었다. 이러한 지명 방침은 평등성이라는 원칙하에 이루어졌지만, 관직에 지명된 사람들은 모두 개인이 속한 당의 이익에만 관심이 있었다. 이러한 정책은 두 당의 갈등을 조장할 뿐만 아니라 조직의 효율성을 떨어뜨리는 결과를 초래했다.

쿠르드애국동맹은 쿠르드민주당과 권력을 공평하게 분배하는 통치 방식에는 이의를 제기하지 않았지만, 국회의원 선거 기관과 대통령 선거 기관은 폐지되어야 한다고 주장했다. 쿠르드인들의 파벌 문화는 상당히 뿌리 깊은 것이었기 때문에 모든 제도를 민주주의적으로 정착시키는 데 많은 어려움을 겪었다. 전

통적으로 한 당을 지지하는 계파들은 계속 배타적으로 그 당을 지지했으며, 새로운 관료가 임명될 때마다 계파들의 알력 싸움은 계속되었다(아직도 계속되고 있다). 그리고 정당들은 제각기 민병대를 조직했는데, 정규 군대의 편성이 거론되자 장교직도 두 당이 공평하게 임명했다. 이러한 조직은 결코 성공할 수 없는 맹점을 이미 내포하고 있었다.

쿠르드 정당들은 소련 정당을 본보기로 조직되었다. 쿠르드민주당은 상당히 중앙집권적이었으며, 쿠르드애국동맹은 여러 시민단체들(여성연합, 농민연합, 학생연합, 교사연합 등)을 통합하는 형식으로 조직되었다. 쿠르드 자치구역은 관세 이외의 그 어떤 수입원도 확보하지 못했다. 관공직을 제외한 유일한 일자리는 민병대의 전투원이 되는 것이었다. 하지만 이 민병대들은 두 정당 사이에서 시민들을 또다시 분열시키는 결과를 초래했다. 이라크 정권은 이러한 상황을 이용해 쿠르드 자치구역의 불안정을 촉진시키기 위한 암살과 테러를 계속 가했다. 이 와중에 쿠르드애국동맹은 군사력을 증강하기 위해서 페시메르가 출신의 코스라트 라술Kosrat Rasul을 내무부 장관으로 임명했다. 두 정당의 갈등은 계속 심화되었으며, 1994년 중반에 결국은 시민전쟁이 터지게 되었다.

쿠르드 시민전쟁

1994년 5월 1일 칼라데자Kaladeza 지역에서 농지 소유권에 대한 분쟁이 발생해 두 명의 민간인이 살해되는 사건이 발생했다. 이에 대한 보복으로 쿠르드애국동맹은 쿠르드민주당 소속 민간인 26명을 체포해 처형했다.

지도자들의 만류에도 불구하고 두 세력 간의 갈등이 심화되어 술라이마니야의 쿠르드민주당 사무실과 다후크의 쿠르드애국동맹 사무실이 점거되었다. 쿠르드민주당과 쿠르드애국동맹을 중심으로 군대를 정확하게 반반으로 구성한 연정 정부의 첫 번째 사업이 오류였다는 사실이 분명하게 드러났다.

아마드 찰라비Ahmad Chalabi가 이끄는 쿠르디스탄 내 이라크 저항 조직 연합이자 미국의 원조를 받고 있었던 이라크국민회의 Iraqi National Congress는 이 기회를 이용해 개입을 시도했지만 실패하고 말았다. 모든 정당은 더 넓은 영토를 확보하기 위해서 서로 경쟁할 뿐이었다. 미국, 이란, 터키, 영국은 각자 이 분쟁을 중재하기 위해 노력을 기울였지만 전세는 쿠르드애국동맹 쪽으로 기울었다. 이는 1992년 선거에서 쿠르드애국동맹이 군사적 우월성과 우세한 동원 능력을 확보했기 때문이었다. 이라크에서 치렀던 오랜 전쟁으로 쿠르드애국동맹의 군사력은 강화되었으며, 이란의 도움으로 성사된 휴전 기간에 쿠르디스탄의 여러 지역에서 그들의 입지를 강화할 수 있었다. 반면 쿠르드민주당은 군사력에서 약세를 면치 못하고 있었는데, 이에 대한 변명으로 쿠르드애국동맹이 통일된 국방군을 창설한다는 구실로 쿠르드민주당의 무기를 빼앗았기 때문이라고 주장했다.

1994년 5월 3일, 쿠르드민주당은 쿠르드애국동맹 군대가 국회를 장악했으며, 쿠르드민주당 의원들은 더 이상 의회에서 활동할 수 없다고 공표했다. 전 세계에 흩어져 살고 있던 쿠르드인들은 국제적인 중재를 요청했으며, 다니엘 미테랑Danielle Mitterrand의 강력한 후원을 받고 있었던 파리쿠르드연구소 대표 켄달 네잔 Kendal Nezan은 프랑수아 미테랑 대통령에게 쿠르드 지도자들을 프랑스로 초대하자고 설득했다. 프랑수아 미테랑 대통령의 후원 아래 쿠르드 지도자들은 1994년 7월 16~22일 랑부예 성château de Rambouillet에서 미국과 영국 대표들이 참석한 가운데 만남을 갖게 되었다. 중재자로는 프랑스 대사 베르나르 도랭Bernard Dorin, 국경 없는의사회 대표 베르나르 쿠슈네르Bernard Kouchner, 그리고 이 책의 공동 저자 제라르 샬리앙Gérard Chaliand이 참석했다. 이들의 노력으로 '파리 조약'이 체결되었으며, 이 조약은 모든 기관을 정상화하고 수입을 공평하게 분배하며 1995년 5월에 새로운 선거를 치러야 한다는 내용을 담았다. 하지만 프랑스 대표자들은 이 조약을 강제적으로 시행할 어떤 수단도 동원할 수 없었다. 쿠르드의 두 지도자는 그해 9월에 이 조약에 서명하기 위해서 다시 프랑스를 방문하기로 되어 있었지만, 터키 정부는 바르자니가 이끄는 쿠르드민주당 대표단이 터키 영토를 통과하는 것을 거부했다.

이 기간에 쿠르드 민간단체들은 평화를 정착시키기 위해서 모든 노력을 기울였다. 쿠르드민주당은 새로운 선거를 강력하게 요구한 반면, 쿠르드애국동맹은 갈등이 발생했던 넉 달 동안 거둔 세금에 대한 분배를 요구했다.

이 와중에 이란은 느닷없이 쿠르드민주당에 대한 지지를 철회하고 쿠르드애국동맹을 지지하기 시작했다. 1995년 1월 14일, 쿠르드애국동맹의 당수 잘랄 탈라바니는 그의 민병대를 재규합해 쿠르드민주당과 그의 동조자들을 쿠르디스탄에서 몰아내야 한다고 선동했다. 이에 맞서 쿠르드민주당은 이와 같은 행위를 "합법적이고 민주적인 정권에 대항하는 군사 쿠데타"라고 비난했다.

완전한 혼란에 빠진 59명의 의원은 의회를 점거하고 101일 동안 파업을 벌이면서 전쟁을 중단할 것을 요구했으나, 5월 28일 쿠르드애국동맹은 전화선을 끊어버리고 의회 내부로 침입했다. 이리하여 쿠르디스탄은 쿠르드민주당이 통치하는 북서부 지역과 쿠르드애국동맹이 통치하는 남동부 지역으로 갈라지게 되었다.

미국은 정부의 북부 걸프 지역 담당자 로버트 도이치Robert Deutsch의 지휘 아래 아일랜드의 드로이다Drogheda에서 터키가 참석한 가운데 또 한 번 중재를 시도했다. 이 중재로 두 정당은 아르빌을 무장 해제하고 거두어들인 세금은 터키 실로피Silopi 은행에 보관하며, 이 조약의 실행을 감시하는 중재 위원회를 구성하기로 잠정적으로 합의했다. 그리고 새로운 정부의 구성도 언급되었다. 반면 터키 정부는 정기적으로 이라크 북부 지역으로 망명을 시도하는 쿠르디스탄노동자당 당원들의 국경 통과를 막기 위해 국경 수비를 요청했다. 즉, 쿠르드민주당은 쿠르드애국동맹과 긴밀한 관계를 맺고 있던 쿠르디스탄노동자당을 막기 위해 북부 국경 지역에서 쿠르디스탄노동자당과 대립하고(전투원들은 시리아를 통해서 잠입했다), 동부와 남부에서는 이란의 원조를 받고 있던 쿠르드애국동맹에 대항해야 했다.

적과의 동맹

쿠르드애국동맹은 식량 공급과 무기 공급을 거의 이란에 의존하고 있었다. 이란은 오랫동안 어느 당을 지지할 것인지를 놓고 고민하면서 쿠르드민주당과 우호적인 관계를 유지했었지만, 지리적 상황 때문에 결국은 쿠르드애국동맹 쪽으로 돌아섰다. 이에 대한 대가로 이란은 쿠르드애국동맹에 이란에서 활동하는 쿠르드민주당을 추방시켜달라고 요청했다. 쿠르드애국동맹은 코이산자크Koy Sanjaq에 은신해 있던 쿠르드민주당 망명자들을 공격해 이들을 그 지역에서 쫓아내버렸다. 이란의 의도는 이를 통해 쿠르드애국동맹이 점령하고 있는 지역에서 자신의 입지를 강화하는 것이었는데, 역으로 쿠르드애국동맹의 이미지는 엄청난 손상을 입게 되었다.

이 사건을 계기로 쿠르드인들을 공포에 떨게 하는 새로운 테러가 시작되었다. 쿠르드애국동맹은 쿠르드민주당이 점령하고 있는 지역을 공격하기 시작했으며, 바르자니가 거주하고 있었던 살라딘Saladin주도 위험에 처하게 되었다. 바르자니는 이란의 간섭과 쿠르드애국동맹의 공격으로부터 자신을 보호해달라고 국제사회에 호소했으나 별 호응을 얻지 못했다. 미국 대표단이 휴전을 제의했을 뿐이었다.

1996년 8월 22일 마수드 바르자니는 사담 후세인에게 잘랄 탈라바니의 선동으로 자행되고 있는 이란의 이라크 영토 침해에 대한 조치를 취해달라고 요청했다. 바그다드 정부는 바르자니의 요청을 미국을 배제시킬 수 있는 절호의 기회로 보았다. 왜냐하면 쿠르드 지도자가 직접 요청했기 때문이었다. 1996년 8월 31일 이라크의 공격이 시작된 그날 오후에 이라크의 외무장관 타리끄 아지즈Tariq Aziz는 바르자니의 서한을 프레스 콘퍼런스를 통해 공개했다. 공격이 시작된 지 24시간 만에 이라크의 세 개 사단이 쿠르드애국동맹이 점령하고 있었던 아르빌을 점령했다.

평소에 신중하기로 소문이 나 있던 마수드 바르자니는 결국 엄청난 실수를 저지르고 말았다. 이라크 개입을 자진해서 요청한 것은 쿠르드인들에게 일종의 배신으로 여겨졌으며, 이로 인해서 쿠르드민주당이 분열될 위기에 처하게 되었다. 서구 외신들은 이 작전으로 쿠르드민주당의 이미지가 이중으로 손상을 입었다고 평가했다. 이라크 군대는 이 기회를 이용해서 쿠르드족이 점령하고 있는 다른 지역을 공격할 수 있는 빌미를 얻게 되었다.

사태가 심각해지자 마수드 바르자니는 빌 클린턴Bill Clinton 미국 대통령에게 계속해서 자신의 점령 지역 보호와 연합군의 공중 정찰을 요청하는 서신을 보냈다. 이에 따라 미국이 프랑스의 동의 없이 쿠르드 지역에 대한 정책을 수정하자 프랑스는 작전 수행에 더 이상 동참하지 않겠다고 선언했으며, 이는 자크 시라크Jaques Chirac 대통령의 명령하에 이루어졌다.

쿠르드애국동맹은 이라크의 공격에 맞서 얼마간 저항하긴 했지만, 엄청난 속도로 무너지고 말았다. 쿠르드민주당 민병대들이 술라이마니야를 점거하자, 쿠르드애국동맹 지도부와 지지자들은 혼란에 빠져서 그들이 가지고 있던 무기와 공식 문서들을 모두 버리고 이란으로 앞다투어 도주했다. 바르자니는 곧 쿠르드애국동맹 당원들에 대한 사면을 선포했는데, 사면 대상에는 탈라바니도 포함되었다. 탈라바니의 사면은 통일된 당을 구성하기 위해서 탈라바니 지지자들이 저항을 포기한다는 조건하에 이루어졌다. 이러한 정책은 쿠르드민주당의 많은 당원을 상당히 놀라게 했는데, 왜냐하면 술라이마니야 점령은 오래전부터 계획되었던 것이 아니었기 때문이다. 결국 바르자니가 쿠르디스탄의 유일한 통치자로 자리매김하자, 사담 후세인은 선전 효과를 위해서 봉쇄를 일시적으로 해제했다. 쿠르디스탄 내부의 물자 운송과 통행에 대한 통제가 다시 한번 해제된 것이다.

이라크의 도움에도 불구하고 바르자니 대통령은 미국과 계속해서 우호적인 관계를 유지했는데, 이러한 사실로 인해서 이라크 대통령은 쿠르드민주당이 처음부터 이라크와 동맹을 맺을 의사가 전혀 없었으며 이용만 당했다는 사실을 깨닫게 되었다. 따라서 이라크는 쿠르드애국동맹이 이라크에 다시 발을 들여놓는 것을 허가해버렸다. 본질적으로 이라크나 이란 모두 쿠르디스탄이 안정되는 것에 전혀 관심이 없었다. 이라크와 이란에 쿠르드인들은 적에 불과했기 때문이었다. 결국 이라크는 쿠르드애국동맹이 자신의 점령 지역을 탈환하는 작전을 돕기 시작했다. 쿠르드민주당은 자신의 점령지를 사수하는 데 실패했으며, 이라크와 이란은 쿠르드족을 사이에 놓고 경계선을 절대 넘지 않으면서 전투를 벌였다. 이라크나 이란 모두 쿠르드가 두 지역으로 계속해서 분열되어 있는 상태를 선호했으며, 앙카라는 테헤란과 바그다드에서 결의된 사항을 인정했다. 이에 따라 쿠르드민주당은 쿠르드애국동맹과 이란이 공동으로 방어하고 있던 전선에 맞서기 위해서 터키에게 다가가 도움을 청하게 되었다. 결과적으로 쿠르드민주당은 쿠르디스탄노동자당에 아르빌을 떠날 것을 요구했으며, 이로 인해서 엄청난 희생자를 초래한 전투가 벌어졌다. 쿠르디스탄노동자당 당원들은 이 전투로 인해서 이라크, 터키, 이란 사이의 국경선에 주둔하고 있던 쿠르드애국동맹 점령 지역으로 피신했다.

1997년 10월 쿠르드민주당은 쿠르드애국동맹과 쿠르디스탄노동자당 그리고 이란의 연합 전선에 맞서 또다시 불리한 상황에 놓이게 되었다. 살라딘주의 바르자니 주둔지가 또다시 위협받게 된 것이다. 터키는 이 지역의 쿠르디스탄노동자당을 전멸시키기 위해서 서슴지 않고 개입했으며, 공군과 장갑차를 앞세워서 침략자들을 1996년 10월에 정해진 쿠르드 경계선 너머로 몰아내는 데 성공했다.

이라크 정권에 대해서 계속 압력을 가해왔던 클린턴 대통령은 1998년 미국 의회에서 '이라크 해방안Iraq Liberation Act'을 통과시켰다. 그해 9월 17일 두 정당은 워싱턴에서 평화협정안에 서명했으며, 쿠르드애국동맹의 의원들은 쿠르드 의회에 복귀했다. 그리고 쿠르드민주당은 의회에서 과반수가 넘는 51%의 득표율을 얻었으며, 두 정당은 또다시 새로운 선거를 위한 준비에 들어갔다.

쿠르드 행정부는 다시 정상적으로 가동되기 시작했으며 모든 기관도 업무에 복귀했다.

시민전쟁, 그 이후

쿠르드인들의 탈출 행렬 이미지는 국제사회의 동정을 불러일으켰으며, 할랍자시에서 가스로 질식사한 아이들의 이미지로 인해서 이라크 독재자는 엄청난 비난을 받게 되었다. 그리고 마수드 바르자니가 다른 쿠르드인들을 보호한다는 명목하에 이 독재자에게 도움을 요청했다는 사실은 여론의 공감을 얻지 못했을 뿐만 아니라 자진해서 입대한 민병대들의 사기도 저하시키는 결과를 초래했다. 물론 국제사회도 쿠르드인들을 보호해주겠다는 약속을 지키진 못했지만, 국제사면위원회Amnesty International와 휴먼라이츠워치Human Rights Watch는 시민전쟁 기간에 쿠르드인들 스스로도 엄청난 학살을 자행했다고 고발했다. 즉결 처형, 신체 절단, 고문, 실종, 유괴, 판결 없는 구속 등이 시민전쟁 기간에 자행되었다. 결론적으로 쿠르드 민간인들은 끊임없이 쫓겨 다녀야 했다. 1998년의 유엔 보고서에 따르면 쿠르디스탄 내에서조차 점령자가 바뀜에 따라 80만 명에 해당하는 주민들이 거주지를 옮겼다. 쿠르드인들은 사담 후세인에 대항하는 전투에서보다 쿠르드족 사이의 갈등으로 더 큰 고통을 받았다. 그리고 이러한 분쟁으로 인해서 가족을 중시하는 씨족적 성향은 더욱 강화되었다. 이라크는 인종 청소를 감행한 반면, 쿠르드인들은 스스로 정치적 청소를 감행했던 것이다.

외국에 거주하는 쿠르드 학생들과 언론인들, 지식인들은 그들의 입장을 지지하는 동조자들을 확보하기 위해 로비 활동에 들어갔다. 이 활동은 초기에 주로 프랑스와 스위스에서 전개되었는데, 이는 터키의 무스타파 케말의 억압을 피해 망명 중이었던 카무란 베디르 칸Kamuran Bedir Khan 왕자가 주동적으로 추진했다.[18] 그는 1960년대에 프랑스에서 바르자니 운동을 지지했던 사람이다. 피에르 론도Pierre Rondot 장군, 베르나르 도랭 영사관, 토마 부아Thomas Bois 신부, 쿠르드 전문가 조이스 블라우Joyce Blau, 신문 기자 르네 모리에René Mauriès와 크리스 쿠츠쉐라Chris Kutschera 그리고 이 책의 공동 저자 제라르 샬리앙을 포함한 프랑스 인사들이 1983년 켄달 네잔이 파리쿠르드연구소를 설립하는 데 기여했다. 이 연구소의 설립을 주동한 인물들은 계속 이 연구소를 후원하고 있으며, 이 연구소는 1993년 공공기관으로 인정되었다. 다니엘 미테랑과 베르나르 쿠슈네르는 프랑스가 유엔 안전보장이사회의 결의안 688호에 동의한 이후부터 쿠르드 문제에 관심을 가지고 활동하고 있었다. 외무부 장관인 롤랑 뒤마Roland Dumas는 1993년 마수드 바르자니의 방문을 환영하겠다고 발표하기도 했다. "프랑스는 쿠르드 문제에 대해서 커다란 관심을 가지고 주시하고 있다." 하지만 쿠르드인들 간의 살육 전쟁은

---

18 카무란 베디르 칸은 1948년 파리에서 쿠르드족의 대표가 되었다.

쿠르드 우호 국가인 프랑스의 중재조차 어렵게 만들었다.

또한 시민전쟁 이후 쿠르디스탄은 식량 공급이라는 거대한 문제에 봉착하게 되었다. 식량 공급을 위해서 정부는 시민들에게 마을로 돌아가 마을을 재건해야 한다고 설득했다. 하지만 재건 도구 없이 완전히 파괴된 4500개의 마을과 24개의 도시를 어떻게 재건할 수 있단 말인가? 또한 즉각적인 조치가 필요한 다른 재건 작업들도 산재했다. 개인 살상용 지뢰 제거, 학교와 도로와 진료소 등의 재건이 그것이다. 그 외에 이란과 터키와의 물자 교역도 시급했다. 하지만 이란과 터키는 기본 자재의 수출을 거부했으며, 이로 인해서 쿠르디스탄의 산업 시설 재건설은 불가능한 상태에 있다.

비록 쿠르디스탄의 기후는 사막 기후 지역인 이라크와 달라서 농작물 경작에 적절하긴 하지만, 교육과 병원 그리고 핵심 인프라와 같은 공공시설은 모두 중앙정부에 의존해야만 했다. 그리고 지하에 건설된 유전 시설과 지상의 유전 시설은 계속해서 아랍 회사들이 경영하고 있었다.

이웃 국가들은 쿠르드 소수민족의 피난처를 제공하기는 했으나, 그 어떤 나라도 쿠르디스탄의 독립을 원하지 않았으며 자치권에 대해서도 부정적인 태도를 취했다. 서방 세계도 영토 분할 문제에 적극적으로 개입하는 것을 계속 자제했다.

완성되지 못한 절반의 독립

쿠르드애국동맹이 바르자니가 이끄는 정부에 대해서 계속 정당
성 문제를 제기하는 동안, 이슬람연합과 공산당으로 대변되는 다
른 정당들은 바르자니 정부를 합법적으로 인정했다. 이 정당들
은 여덟 명의 쿠르드애국동맹 소속 의원들과 함께 정권에 계속
참여했으며, 이들 중 한 명이 의회 부의장을 맡았다. 이를 통해서
의회 활동은 계속되었다.

　쿠르드 자치구역의 법령은 아직 마련되지 못한 상태이며, 사
실 자체적으로 법 체제를 조직하기에 역부족인 상황에 처해 있
다. 이러한 상태에서 연방제에 대한 형식이나 바그다드와 권력
분배에 대한 충분한 숙고 없이 연방제가 제의되었다. 105명의 국
회의원 중 80명가량의 의원들이 참석한 가운데 의회가 재개되었
는데, 쿠르드애국동맹에 속하는 나자드 아지즈 아가 Najad Aziz Agha
부의장은 '녹색' 계열(쿠르드애국동맹, 쿠르디스탄노동자당)에 속하
는 16명의 의원들과 함께 행동했다. 즉, 16명의 의원들은 자신들
이 속한 정당의 정책과 상관없이 부의장과 행동을 같이했다.
1996년 9월 26일 열린 의회에서 아시리아인 로지 누리 Roj Nuri가
대통령에 임명되었으며, 마수드의 조카이자 쿠르드민주당 정치
국 당원인 네치르반 바르자니 Nechirvan Barzani가 부총리에 임명되
었다.

1992년 7월 9일 법률 제3조가 선포되면서 쿠르디스탄 지역의 내각이 구성되었다. 역사상 처음으로 쿠르디스탄 자치구역의 정부는 주권국가로서 특권을 부여받았다. 쿠르드 의회는 쿠르드 법에 의해 폐기된 조항을 제외한 이라크 법제를 그대로 사용하기로 결정했다. 이에 따라 1991년 이후 바그다드에 의해 공포된 법률은 모두 폐기되었다. 이라크가 반민주적 법률들을 제정한 것과는 다르게 쿠르드 의회는 언론과 정당, 단체와 집회의 자유를 허용하는 법을 통과시켰다.

외무부는 이라크와의 충돌을 피하기 위해서 인도주의적 원조와 협조부로 개명되었다. 최고 재판소 역할을 하는 파기원이 설립되었는데, 이를 통해 법무부는 이라크 정부와 관계를 완전히 단절했다.

같은 시기에 쿠르드애국동맹은 술라이마니야에서 코스라트 라술 대통령을 중심으로 제2의 정부를 구성했다. 이 정부는 아르빌 정부를 인정하지 않았으며, 아르빌 의회에서 활동하는 쿠르드 애국동맹 당원들을 배신자로 치부했다. 이들 중 두 명은 암살되기까지 했다.

쿠르디스탄 자치구역 정부가 공식적으로 인정되지 않은 상태에서 각 정당은 외국에 각자의 이익을 대변하는 사무실을 개별적으로 설치했다. 시리아의 다마스쿠스에 사무실을 설치한 정당들은 수만 명의 쿠르드인들이 시리아를 통과할 수 있는 권리와 일반적으로 수입이 금지된 물자(특히 전기)의 수송에 합의를 보기도 했다.

쿠르디스탄은 안전보장이사회의 결의안 986호에 따라 바그다드의 통치에서 벗어날 수는 있었지만, 그렇다고 독립국가로 인정된 것은 아니었다. 따라서 쿠르디스탄은 유엔과 같은 국제단체들과 어떠한 공식적인 관계도 맺을 수 없었다. 그럼에도 불구하고 '식량을 위한 석유' 프로그램을 통해 도시와 마을의 재건 사업이 시작되었으며, 이 프로그램은 또한 실업자 수를 줄이는 데 기여하고 있다. 유엔의 전문가들은 쿠르디스탄의 기초적인 토대를 건설하기 위해서 현지 인력을 동원하는 데 최선을 다하고 있다. 유엔 난민최고대표사무소UNHCR, 유니세프UNICEF, 유엔 인간 정주계획UN-HABITAT, 유네스코UNESCO, 유엔 개발계획UNDP, 세계보건기구WHO, 유엔 연구사업소UNOPS, 식량농업기구FAO, 세계식량계획WFP 들은 수백 명의 인원을 고용해 쿠르디스탄 재건 사업을 총괄하고 있다. 그런데 유엔의 직원을 고용한 기관은 바로 이라크 정부이며, 이들 중 몇몇 직원은 정보국 소속 출신이라는 점을 잊어서는 안 된다. 따라서 테러가 끊이지 않고 일어나고 있다. 그럼에도 불구하고 '식량을 위한 석유' 프로그램은 교육, 식량, 의료 분야에서 성과를 내고 있으며, 몇몇 마을은 이미 재건되었다.

이 프로그램을 진행하는 과정에서 발생한 엄청난 규모의 부패가 2005년 발견되었다. 부패 액수는 18억 달러에 달했으며

200개 기업과 60개 나라가 연루되었다. 결의안 688호 이후에 비정부기구들이 대거 쿠르디스탄에 들어갔는데, 이들 중 많은 기구는 국제사회의 도움으로 이라크를 상대로 전쟁을 치르고 있던 지역에 처음으로 들어가게 되었다. 하지만 이 기구들은 그 어떠한 중재 조치도 취할 수 없었다. 이라크는 비정부기구의 활동가들을 이라크 영토에 불법적으로 침입한 스파이로 간주했으며, 이에 따라 그들에게 입국 비자를 내주는 것을 거부하고 터키를 통해서 들어가도록 강요했다. 심지어 이러한 외국 봉사자들을 향해 테러와 살해 위협이 가해지기도 했다. 1996년 이라크가 터키에 국경 폐쇄를 요구하자, 비정부기구 봉사자들은 이란이나 시리아를 통해 쿠르디스탄으로 들어가야만 했다. 하지만 입국 허용을 기다리는 명단은 끝이 없었고 통행 비자는 상당히 제한되어 있었다.

대부분의 비정부기구는 유럽에서 온 기구였다. 상당히 체계적인 조직 체제를 갖춘 스웨덴의 칸딜Qandil은 마을의 재건설과 도로, 상수도 시설 건설 전문이었다. 다니엘 미테랑이 설립한 프랑스해방France Libertés은 교육과 학교 건축, 교원 교육 전문이었다. 의료시설을 위해서 이탈리아에서 파견된 비상Emergency은 병원을 건축했다. 영국 기구 마그Mag는 지뢰 제거 전문이었다. 프랑스·모나코에서 온 미션 앙팡스Mission Enfance는 학교와 마을 그리고 교회를 재건했으며 마을 근처에 우물을 파는 작업을 시행했다. 마지막으로 스웨덴 비정부 조직 디아코니아Diakonia는 민주주의를 정착시키기 위한 시민사회 발전에 주력했다.

쿠르드의 두 대표 정당은 좌익적 성향을 띠고 있었는데, 이는 '우익적' 성향을 띠고 있던 외국의 정당들이 바트당이나 이라크 정부와 우호적인 관계를 맺고 있었기 때문이었다. 쿠르드민주당과 쿠르드애국동맹은 정기적으로 공산당 대회에 초대를 받기도 했으나, 쿠르드 정당들과 밀접한 관계를 유지했던 당은 주로 사회주의 정당들과 사회민주주의 정당들이었다. 쿠르드 정당들 중 하나가 권력을 쟁취할 때마다 서구 정당들은 그들의 정치적 성향을 주입시키기 위해 많은 노력을 기울였다. 사회주의인터내셔널은 정기적으로 그의 전당대회에 쿠르드 정당들을 초대했다. 1990년에는 이란 쿠르드민주당PDKI이, 그리고 2003년에는 인민민주당이 이에 참가했으며 쿠르드애국동맹도 이에 동참했다. 초기에 이들과 가깝게 지냈던 쿠르드민주당은 우익 정당들과 관계를 계속 유지하기 위해서 사회주의인터내셔널에 동참하기를 거부했다. 녹색 정당들도 쿠르드 정당들을 지지했으며 그들의 정책을 주입시키는 데 노력을 기울였다.

이제까지 기술한 내용이 중동 지역의 지도를 완전히 바꾸어버린 제3차 걸프 전쟁이 일어나기 이전의 상황이다.

2장

어제: 이라크의 혼선

4

역사의 교훈

시리아와 이라크 사이에서 자신의 영역을 점차 넓혀가고 있는 이슬람국가Islamic State(이하 IS)의 등장으로, 1916년에 체결되고 1920년부터 효력이 발생하기 시작한 사이크스 피코 협정에 대한 문제가 제기되었다. 사이크스 피코 협정은 그 당시 영국과 프랑스가 맺었던 중동 지역 영토 분할에 관한 비밀 협정이었다. 영국은 한편으로 베를린과 바그다드 사이의 철도 건설로 인해 인도 항로의 효용성이 떨어질까 노심초사했다. 베를린과 바그다드를 잇는 철도는 이라크의 항구 도시 바스라까지 연결될 계획이었기 때문이다. 그리고 다른 한편으로 팔레스타인 지역의 통제 문제 때문에 골머리를 앓았다〔1917년 밸푸어 선언Balfour Declaration(사실상 유대인의 독립국가 설립을 지지한 선언 - 옮긴이)〕. 반면 프랑스는 레반트 지역(시리아, 레바논, 실리시아)을 계속 통제하기 원했는데, 이는 프랑스가 이 지역의 전통적 기독교를 수호하는 수호자로 자처하고 있었기 때문이다.

터키는 무스파타 케말 덕분에 프랑스와 영국이 주도한 식민지 분할에서 제외되었다. 大아랍 제국을 세우고자 했던 영국과 프랑스의 노력은 결국 실현되지 못했으며, 이들의 분할 정책은 급기야 이 지역의 분열을 초래하는 결과를 낳게 되었다. 프랑스는 실리시아 통제에 실패했지만 시리아와 레바논 통제에는 성공했다. 영국은 시리아에서 얼마 전에 추방당했던 파이살 1세에게 이라크 왕권을 넘겼다(모술주를 포함). 파이살 1세는 이라크의 소수파에 속하는 수니파에 의지했는데, 이로 인해서 다수파인 시아파는 저항감을 품게 되었다. 이는 쿠르드인들도 마찬가지였다. 한편 트란스요르단은 하심가Hashemite에 위임되었다.

오스만 제국은 오랫동안 이교도인 '경전의 사람들'(기독교인과 유대교인)에게는 밀레트millet 정책을 통해서 평화를 유지했으며, 무슬림에게는 인종에 관계없이 신앙 공동체(움마)에 대한 소속감을 심어주는 정책을 펼쳤다. 하지만 시아파 또는 시아파와 유사한 종파들은 계속 의심의 대상이나 노골적인 적의의 대상이 되었다. 오스만 제국이 유지했던 평화는 오스만 제국의 약화와 유럽의 압력, 그리고 특히 국가라는 개념이 전파됨에 따라 와해되기 시작했다. 그리고 이 지역의 긴장은 그나마 발칸 반도의 명맥을 유지했던 특징들이 사라지고, 제1차 세계대전을 통해서 인종적·종교적 청소가 일어나자 더욱 고조되었다. 제1차 세계대전 기간에 무자비하게 추진되었던 학살로 인해서 오스만 제국에 대한 향수는 더욱 짙어졌다.

제1차 세계대전 이후 프랑스와 영국의 오스만 제국 분할 당시 이들은 지배 세력에 속하지 않는 인종 및 종교 단체들을 등한시했다는 비판을 받았는데, 이는 사실이다. 실제로 중동 지역에서는 승리자가 모든 점령물을 독식하고, 특별한 경우를 제외하고는 절대로 점령물을 분배하지 않는다는 원칙이 통용되는데, 레바논의 경우가 이를 증명했으며 이로 인해서 이 지역의 불안정은 더욱 고조되었다.

강제적인 분할을 통해서, 아니면 테러를 이용해서 이질적인 체제를 정착시키려고 했던 사람들이 원했던 것은 과연 무엇이었을까? 연방제 같은 경우도 무력에 의한 중앙집권화가 불가능할 때만 가능한 구상이다. 수니파와 시아파, 드루즈인, 기독교인, 야지디파, 알레비파, 쿠르드인 등이 공존하고 있는 근동 지역 문제의 해결 방법은 무엇인가? 이 모든 종파들과 소수민족 또는 공포로 인해 짓눌린 집단들이 각자 자유롭게 생활할 수 있는 구역을 따로 설치할 것인가? 아니면 다양한 집단들이 함께 공존할 수 있는 해방구역을 설치할 것인가?

터키의 쿠르드인

터키에서 1920년대와 특히 1930년대에 쿠르드인들에게 가해진 억압은 그들에게 깊은 상처를 남겼다. 그리고 제2차 세계대전이 끝난 후 20년 동안에도 이러한 상황에 전혀 변화가 없었다. 터키는 독일의 만류로 제2차 세계대전에 참가하는 문제를 조심스럽게 피했었다. 우리는 1960년대에 터키에서 일어났던 몇몇 쿠르

드 집회를 통해서 쿠르드인들이 어떠한 권리를 요구했는지 짐작
할 수 있다. 그런데 터키는 1967년에 법을 제정해 영토 문제를
주장하는 쿠르드 문서를 모두 금지시켰으며 모든 종류의 시위를
잔인하게 진압했다. 1970년 터키 노동당은 역사상 처음으로 쿠
르드 문제를 언급했는데, 사회학자 이스마일 베식치İsmail Beşikçi
는 터키 민족과 구분되는 쿠르드 공동체의 존재를 분명하게 인정
한 죄로 10년 형을 받았다. 베식치의 발언은 반국가행위죄로 간
주되었으며, 국가의 이러한 해석은 공식적인 도그마가 되었다.

　이 모든 일은 도시화로 인해서 전통적 생활 방식이 파괴되는
가운데 일어났으며, 라디오 덕분에 소식들은 더 빠르게 전달되었
다. 그리고 쿠르드인들의 출생률은 상승했는데, 이는 저개발 지
역의 특징이었다. 이런 가운데 남동부 지역의 개발은 더욱 지연
되었다. 1970년대에 터키에서 쿠르드인도 가담했던 극좌주의적
성향을 지닌 단체와 초민족주의적 성향을 지닌 단체들이 격렬한
투쟁을 벌였는데, 이들은 때때로 무기를 사용하기도 했다. 1978
년 쿠르디스탄노동자당이 공식적으로 설립되었으며, 1년 후에
계엄령이 전국에 내려졌다.

　쿠르디스탄노동자당은 창립과 동시에 가장 급진적인 쿠르드
극좌주의 정당으로 자리를 잡았다. 압둘라 오잘란Abdullah Öcalan
이 이끄는 쿠르디스탄노동자당이 원했던 것은 실현 가능성이 전
혀 보이지 않았던 쿠르드의 독립이었다. 오잘란은 쿠르디스탄이

중동 지역에서 사회주의적 혁명을 선도해야 한다고 주장했다. 상당히 폭력적이고 광신적이며 협박이나 암살을 전혀 주저하지 않았던 쿠르디스탄노동자당은 창당한 지 몇 년이 지나자 지도자에 대한 맹목적 숭배뿐만 아니라 개인의 희생도 주저하지 않는 이데올로기를 주입하기 시작했다. 쿠르디스탄노동자당이 사용했던 방법은 상당히 폭력적이었는데, 이는 터키 정권이 사용했던 방법과 유사했으며 특히 1980년대의 군사 쿠데타에서 사용되었던 폭력과 맞먹는 수준이었다.

쿠르디스탄노동자당은 계속해서 아주 자연스럽게 반대자들이나 경쟁자들을 제거하고 협박을 통한 정치 활동을 벌여왔다. 따라서 터키 군대는 폭동에 동조했다고 의심이 가는 마을들을 서슴지 않고 파괴했으며, 쿠르디스탄노동자당을 은밀하게 지지하고 있다고 생각되는 민간인들을 처형했다. 터키 정부는 마을을 통제하고 정보를 수집하기 위해서 쿠르드인들을 스파이로 이용했는데, 이들은 결국 폭동이 일어나면 은밀하게 제거되었다.

1983년 쿠르드어 사용은 다시 한번 금지되었다. 왜냐하면 언어야말로 터키 국가와 사회에서 거의 멸시의 대상으로 간주되었던 쿠르드인들이 그들의 부정적이고 경멸적이며 모욕적이고 거의 수치스럽기까지 한 정체성을 재구성할 수 있는 도구가 되기 때문이었다. 이러한 조치 때문에 쿠르디스탄노동자당 당원들이 자신의 존엄성을 되찾을 수 있는 유일한 방법은 폭력뿐이었다.

이는 다음과 같이 프란츠 파농Frantz Fanon[1]이 서술한 폭력과 일치한다. 스스로 주인 행세를 하는 지배자들은 분명 제거되어야 한다. 노예 상태로 전락한 사람들은 스스로가 그러한 상태를 초래한 주범이라는 사실을 깨달아야 한다. 따라서 노예 상태에 대한 책임은 스스로 져야 하며 해방에 대한 조건도 스스로 마련해야 한다.

따라서 그 이후 몇 년 동안 쿠르디스탄노동자당이 저지른 폭력은 그 누구도 이해할 수 없는 수준에 도달하게 되었다. 쿠르디스탄노동자당은 필요할 경우 개인의 희생이 불가피하다는 이데올로기를 계속 주입했다. 이러한 폭력성 때문에 터키는 쿠르디스탄 혁명 운동의 소멸을 억압의 목표로 삼았다. 하지만 쿠르디스탄노동자당은 계속 강경한 태도를 유지했으며, 군사적 열세에도 불구하고 터키의 억압에 대항해서 군건한 의지와 효율적인 전투를 바탕으로 30년 동안이나 저항할 수 있었다. 1990년대에도 쿠르디스탄노동자당이 가지고 있었던 끈질긴 저항력은 소진될 기미가 전혀 보이지 않았다.

쿠르디스탄노동자당의 지도자는 1979년 말부터 시리아에서

---

1   Frantz Fanon, *Les Damnés de la terre*(Paris: Maspero, 1961); 재편집(Paris: Folio, 1991). Cf. 또한, 동일 저자, *Peaux noires, masques blancs*(Paris: Seuil, 1952), 그리고 Albert Memmi, *Portrait du colonisé*(Paris: Buchet-Chastel, 1957).

환영받기 시작했으며, 그곳에서 그의 당원들을 군사적으로 조직하고 훈련할 수 있게 되었다. 그리고 얼마 지나지 않아서 베카 Beqa'a 계곡에 성소를 마련하게 되었다. 시간이 감에 따라 오잘란에 대한 광신적 숭배는 더욱 심화되었으며, 이는 오잘란만큼 독재적이지 않았지만 그에 버금가는 다른 독재자들에 대한 숭배와 유사했다. 에리트레아Eritrea의 인민해방전선의 지도자 이사이아스 아페웨르키Issaias Afewerki, 스리랑카 '타밀엘람 해방 호랑이'의 지도자 벨루필라이 프라바카란Velupillai Prabhakaran, 페루의 '빛나는 길'의 지도자이며 레닌, 스탈린, 마오에 이어서 '마르크시즘의 네 번째 검'으로 불리는 '곤살로Gonzalo 대통령' 등이 그러하다.

앞에서 언급한 단체들은 인간을 병기로 사용하는 극단적인 방법을 부추기는 급진적 이데올로기를 전파시키던 단체였는데, 이들을 이끌던 지도자들은 막상 권력을 차지하게 되면 독재자가 되고 말았다.

터키에 대한 군사적 저항은 1984년부터 시작되었다. 기술적으로 볼 때 쿠르디스탄노동자당은 테러 단체가 아닌 게릴라 조직이었다. 쿠르디스탄노동자당의 저항에 종지부를 찍기 위해서 터키는 반복적으로 대규모 군사를 투입했다. 일반적으로 하나의 테러 집단을 진압하기 위해서 수만 명의 군사가 동원되는 경우는 드물다. 더군다나 쿠르디스탄노동자당의 경우 테러를 범하는 게릴라 집단에 불과했다. 하지만 항상 그렇듯이 이러한 테러 집단을 진압하기 위해서 터키도 테러로 대응했으며, 이는 폭동에 의한 희생자보다 더 많은 희생자를 냈다.

실제로 1984년 이후 전투로 인해서 발생한 희생자의 대부분 (13년 동안 4만 5000명의 희생자 발생)은 터키 군사들과 '죽음의 부대'와 같은 보조 부대원들, 그리고 다른 군사 조직의 전투병들이 저지른 테러로 인해 발생했다. 미국 정부의 보고서에 의하면 4000개에 달하는 마을과 촌락들이 파괴되었으며 이로 인해서 역사적으로 중요한 의미를 지니는 대규모 인구 이동이 촉발되었다.

쿠르드 출신의 투르구트 외잘Turgut Özal이 터키 정권에 합류하자 갈등은 해결의 기미가 보이는 듯했다. 한편 바로 한 해 전에 쿠웨이트를 침공한 사담 후세인을 상대로 미국과 대연합국이 전쟁을 벌이는 동안, 외잘 대통령은 1991년 2월 터키에 1200만 명의 쿠르드인들이 거주하고 있다고 발표했다. 그때까지 ≪이코노미스트The Economist≫는 터키 거주 쿠르드인의 숫자를 600만에서 800만 사이로 추정했다.

투르구트 외잘 대통령이 통치하던 시기에 민주주의를 정착시키기 위한 노력이 계속되었지만, 대부분의 쿠르드인들이 거주하는 지역은 계속 계엄령하에 있었다. 쿠르드어로 된 모든 종류의 인쇄물 발행은 계속 금지되었으며, 국회의원 레일라 자나Leyla Zana는 의회에서 쿠르드어를 몇 마디 했다는 이유로 15년 형을 받았다. 소위 '마을의 수호자'로 불리는 쿠르드 민병대들은 갈등을 계속 조장했으며, 이는 쿠르디스탄노동자당을 더욱 폭력적이고 광신적으로 행동하게끔 만들었다. 어떤 지역도 쿠르디스탄노동자당의 직접적인 통치를 받지 않았고 많은 민병대들이 비밀경찰에 의해 암살당했음에도 불구하고, 청년 징병은 쉽게 이루어졌으며 이를 통해서 저항 단체들은 인원 손실을 재빨리 메울 수 있었다.

투르구트 외잘 대통령이 집권하는 동안 다음과 같은 합법 정당들도 설립되었다. 연대순으로 대중노동당(HEP), 민주당(DEP) 그리고 대중민주당(HADEP) 등이 창립되었는데, 이들은 결국 하나씩 강제 해산되었다.

아마도 그 당시 가속화되고 있었던 도시화도 터키 지역 쿠르드인들의 급진화에 중요한 역할을 했을 것이다. 실질적으로 터키 내 쿠르드 지역의 수도는 디야르바키르Diyarbakir인데, 이 도시의 인구는 이 기간에 100만 명을 넘어섰다. 그리고 바트만Batman과 같은 다른 도시들에서도 쿠르드인의 인구 증가가 가속화되었다. 또한 이스탄불에도 몇백 만에 이르는 쿠르드인이 거주하고 있었다는 사실을 잊어서는 안 된다.

쿠르디스탄노동자당의 은신처를 제공하는 시리아의 태도를 더 이상 견딜 수 없었던 터키는 군사적 개입을 자제하면서 하페즈 알 아사드Hafez al-Assad 대통령에게 압둘라 오잘란을 추방하라고 촉구했다. 오잘란은 시리아를 떠나 러시아로 망명했는데 러

시아에서 미국 정보부에 통화를 도청당하자 이탈리아로 잠입했다. 판단 부족으로 이탈리아를 떠난 오잘란은 예기치 못한 여러 사건을 겪은 후에 1999년 2월 케냐의 수도 나이로비에서 미국과 이스라엘의 도움을 받은 터키 정보원에게 체포되었다. 그날 이후로 오잘란은 터키의 임랄리Imrali섬 감옥에 투옥되었으며, 종신형을 선고받았다. 쿠르디스탄노동자당의 활동은 이로 인해서 잠시 중단되었다.

시리아의 쿠르드인

시리아에 거주하는 쿠르드인들은 터키 국경인 쿠르드 다으Kurd Dagh 지역에 근접한 자지라Jazira평원의 여러 지역에 흩어져 거주하고 있다. 이 지역의 주요 도시는 아프린Afrin, 코바니Kobanî, 카미실리Qamishli 등이다. 쿠르드인들의 거주 지역이 이렇게 분산된 것은 제1차 세계대전 이후 서구가 취했던 분할 정책 때문이며, 1920년대에 자행되었던 터키의 억압과도 관련이 있다. 이 지역에 거주하는 쿠르드인들은 대부분 수니파에 속하며 그들의 언어는 터키의 쿠르드인들과 마찬가지로 쿠르드어이다.

수니파 아랍인이 다수를 차지하는 시리아에서 쿠르드인은 드루즈인,[2] 여러 기독교 종파,[3] 알라위파Alawī와 같은 소수민족에 속한다. 시리아가 프랑스의 위임통치하에 있었을 때, 쿠르드인들은 문화적 권리를 보장받았었다. 베디르 칸Bedir Khan 형제는 문학잡지를 발간했으며, 문화 재건 운동을 펼치기도 했다.

시리아는 제2차 세계대전이 끝난 그다음 해 독립국가가 되었다(1946). 1954년 수니파 아랍인 아디브 시샤클리Adib Shishakli가 권력을 장악해서 독재 정치를 펼쳤으며, 시샤클리 정권은 쿠데타로 무너졌다. 이 기간에 쿠르드어는 탄압을 받았다.

시리아 쿠르드민주당이 창설(1957)되고 난 지 1년 뒤에 아랍연합 공화국이 창설되었는데, 아랍연합 공화국이 창설된 후 3년 동안 시리아는 나세르주의⁴를 추종하는 이집트의 부속 국가에 불과했다(1958~1961). 따라서 이 시기에 범아랍주의가 강조되었으며 소수민족들은 주변 세력으로 밀려나게 되었다. 결국 상당히 불안정한 상태로 유지되었던 아랍연합 공화국은 3년 뒤에 붕괴되었다.

그 후 몇 년 동안 쿠르드인에 대한 억압은 계속되었다. 1962년 10만 명에 이르는 쿠르드인들은 국적을 빼앗겼으며, 바트당

---

2   시아파에서 갈라져 나온 이단 종파이다.

3   고대 시리아 기독교인, 칼데아인, 그리스정교회, 동방정교회, 아르메니아의 기독교인 등이 있다.

4   나세르주의는 이집트의 대통령이자 아랍인들의 정신적 국부인 가말 압델 나세르가 주창한 사회주의 이념이다. ─옮긴이

이 그다음 해에 정권을 쟁취하게 되었다. 바트당 정권은 범아랍화 프로젝트를 구체적으로 추진하기 시작했으며, 이를 위해서 인구의 이동도 강행했다. 즉, 아랍인 거주 구역을 따로 만들어서 시리아와 터키, 이라크에 거주하는 쿠르드인들을 고립시켰다. 아랍어를 모르는 모든 시민의 투표권은 철회되었는데, 이 제도는 1973년 부분적으로 시행되었다.

1970년 하페즈 알 아사드가 대통령이 되었으며, 그는 2000년까지 대통령직을 수행했다. 1982년 하마Hamah에서 무슬림형제단 소속 집단의 폭동이 무자비하게 진압되는 사건이 발생했는데, 이 과정에서 만여 명이 목숨을 잃었다. 1980년대에 발생했던 이러한 사건들 때문에 시리아 지역에서 쿠르디스탄노동자당에 대한 지지가 점점 확장되기 시작했다. 따라서 쿠르디스탄노동자당은 쿠르드인이 다수를 이루는 카미실리, 아프린, 알레포Aleppo와 같은 지역에서 많은 지원병을 확보할 수 있었다.

이란의 쿠르드인

이란의 쿠르드인들은 샤shah(이란의 통치자)의 통치하에서 쿠르드인들보다 숫자가 훨씬 많았던 투데Tudeh공산당처럼 오랫동안 엄격한 탄압을 받아왔다. 1978년부터 쿠르드인들은 이란 군주제의 종말을 초래한 저항운동과 폭력적 시위에 동참했으며, 쿠르디스탄에서 나중에 그들의 수도가 된 마하바드를 장악하게 되었다.

마하바드에서 압둘 라만 가셈루Abdul Rahman Ghassemlou가 이끄는 이란 쿠르드민주당이 상당히 활발한 활동을 벌였다. 가셈루는 그 세대 쿠르드 정치인들 중에서 가장 두각을 나타냈던 지도자였는데, 이는 여러 사건을 통해서 역사적으로 증명되었다. 가셈루는 오랫동안 유럽에서 거주했던 사람이며, 그중 몇 년은 프라하에 머물렀다. 초기에 공산주의자였던 가셈루는 후에 실용주의적 민족주의자가 되었는데, 그는 이데올로기적 논쟁보다는 사회민주주의를 더 중요시했다. 그는 이란 내 쿠르드인들에게 가장 실현 가능한 제도는 민주주의를 토대로 한 자치권 확립이라고 일찌감치 판단했던 사람이다.

하지만 이슬람 혁명이 성공을 거둠에 따라서 가셈루는 아야톨라 호메이니의 완강한 태도에 부딪히게 되었다. 호메이니는 이슬람교 이외의 다른 어떤 종교도 인정하지 않았다. 수니파 성직자들 일부가 가셈루를 지지하긴 했지만 호메이니를 중심으로 권력이 집중되자 곧 적대 대상이 되었다. 민병대들이 마하마드에 억류된 상태에서, 쿠르드인들은 이슬람 혁명수비군pasdarans (1980년부터 이란의 정규 군대를 대치한 부대)의 대대적인 공격을 계속해서 받게 되었다.

게다가 쿠르드 운동 자체도 내부적 분열을 겪어야 했다. 코말라Komala(이란 쿠르디스탄 혁명 위원회) 혁명주의자들은 프롤레타리아 혁명 이외의 다른 타협안들을 모두 거부했으며, 이란 쿠르드민주당은 민족주의를 계속 고수했다. 반면 소수였던 쿠르드 이슬람주의자들은 이란 정권에 맞서는 것에 대해서 무조건 반대했다.

메디 바자르간Mehdi Bazargan과 아볼하산 바니 사드르Abolhassan Bani-Sadr가 이끄는 이란 정권은 쿠르드의 자치권 주장을 이란에서 독립하겠다는 의도로 해석했다. 그런데 이러한 논쟁은 쿠르드 운동 자체 내에서도 격렬하게 진행되었다. 이란 쿠르드민주당은 분열을 막기 위해 노력했지만, 이 당의 고참 지도자였던 가니 불루리안Ghani Bulurian은 투데 공산당에 속하는 6명의 지도자들과 함께 이란 쿠르드민주당을 떠났는데, 이는 쿠르드민주당이 바그다드의 도움을 받았기 때문이었다. 가셈루는 만약 호메이니 행정부가 쿠르디스탄 자치권을 인정하면 전략을 바꾸겠다고 선언했다. 하지만 이러한 제안은 또 한 번 이란 정부로부터 거부당했다.

1984년 7월, 이란 쿠르드민주당은 이슬람 혁명 수비군에 의해서 이란 외부로 추방당했다. 그리고 쿠르드 코말라 혁명주의자들과의 투쟁도 더욱 폭력적으로 전개되기 시작했다. 1988년 이라크 국경 근처로 쫓겨난 가셈루는 아무런 비전도 없이 점차 세력이 약해졌다. 이러한 가운데 가셈루는 잘랄 탈라바니로부터 테헤란이 협상할 의사가 있다는 사실을 전해 듣게 되었다.

1988년 12월부터 1989년 1월까지 잘랄 탈라바니의 중재로 여러 차례 협상이 성사되었다. 그리고 1989년 6월 호메이니가 사망하자 협상이 재개되었다. 하지만 가셈루는 그의 동지 두 사람과 함께 이란의 모략에 빠져서 1989년 7월 빈에서 이란 영사관의 밀사에게 살해되었다. 3년 후에 가셈루의 후계자인 사디크 샤라프칸디Sadegh Scharafkandi는 이란 쿠르드민주당 지도부에 속하는 세 명의 동료들과 함께 베를린에서 이란 정보원에게 살해당했다.

한때 개가를 올리기도 했던 이란의 쿠르드인들은 시간이 지나면서 점점 더 이라크에 의존하는 신세가 되어버렸다. 반대로 이라크의 쿠르드인들은 점점 더 이란에 의지하게 되었다. 그리고 10여 년간 계속되었던 이란·이라크 전쟁이 끝나게 되자, 드디어 보복의 날이 시작되었다.

이라크의 쿠르드인들은 이란과 협력한 대가를 톡톡히 치러야 했다. 1988년부터 이라크에서 행해진 쿠르드인들에 대한 탄압은 조직적인 대량 학살이나 다름없었다.[5] 이란의 쿠르드 지도자들은 결국 모두 암살되고 말았는데, 이로 인해서 이란 쿠르드민주당은 엄청난 타격을 받았다. 그 이후에 이란 쿠르드민주당

---

5   Human Right Watch, *Génocide en Irak. La campagne d'Anfal contre les Kurdes*(Paris: Karthala, 2003). Cf. Jonathan C. Randal, *After such Knowledge, what Forgiveness? My Encounters with Kurdistan*(Boulder, Col.: Westview Press, 1998).

을 대체할 어떠한 조직체도 나타나지 않았으며, 이라크에서는 두 파벌이 후계자 자리를 놓고 경쟁하게 되었다.

이라크의 쿠르드인

이라크의 쿠르드 거주 지역은 티그리스강 동쪽으로부터 시작되는데, 티그리스강은 아시리아 시절부터 제국들의 몰락을 모두 목격한 유구한 역사를 지닌 지역이다. 하지만 사람들의 생존은 계속되었으며 쿠르드인들은 기억조차 할 수 없을 정도로 오랜 시간 동안 제국의 성쇠와 상관없이 이 지역에 계속 거주해왔다. 전통적으로 쿠르디스탄이라고 불리는 지역은 야생적 아름다움으로 유명하다. 침식 작용으로 인해 탄생한 산맥은 단단하고 키가 작은 참나무로 뒤덮여 있다. 봄이 되면 산록 지대는 개양귀비꽃으로 뒤덮인다. 골짜기는 줄기가 약한 이탈리아산 포플러 나무로 빽빽하며, 이 나무 뒤로 마을이 자리 잡고 있다. 전통적으로 진흙으로 지어진 집들은 평평한 지붕을 갖추고 있으며, 거주지 근처에 포도나무 밭과 과일 나무들이 즐비한데, 석류나무가 주종을 이루고 있다.

거의 모든 도로는 최근에 건설되었다. 북부 지역과 남부 지역을 연결하는 도로는 4개이다. 이 중 오래전 영국 위임 통치 시절에 도로 건설을 담당했던 뉴질랜드 기술자의 이름이 붙여진 해밀턴Hamilton 도로는 대부분 다이너마이트를 이용해서 완공된 도로이다.

이라크 쿠르디스탄을 여행하는 사람은 거의 없는데, 위험을 무릅쓰고 이 지역을 여행하는 사람들은 반세기 전과 전혀 다를 바 없는 풍경을 만나게 된다. 반세기 전에도 아나톨리아와 시리아 지역을 여행하는 유럽인은 거의 없었다. 하지만 이 지역이 아름답다는 것은 사실이다. 북부 지역에 위치한 자코시에는 다섯 개의 아치를 가지고 있는 델랄Delal 다리가 아름답게 우뚝 솟아 있었는데, 오스만 제국 시대의 전형적인 양식으로 난간 없이 세워진 다리이지만 폭격으로 거의 파괴되었다. 이 다리는 13세기 아바스Abbās 왕조 시대에 건설된 것으로 추정된다. 아메디Amedi 마을은 구릉 위에 세워진 성채로 둘러싸인 마을이며 칼데아 주교구가 자리 잡고 있다. 산자락에 위치한 고도시 아크레도 아직까지 그 아름다움을 그대로 유지하고 있다. 남쪽에 위치한 술라이마니야만이 도시 냄새를 물씬 풍기며 전통적인 전원의 모습을 점점 잃어가고 있다. 이라크 쿠르디스탄은 독특한 아름다움으로 명성이 높다. 바르잔 지역은 산성기가 풍부한 녹색 강으로 둘러싸여 있는데, 이 강은 위대한 잡강에 합류한다. 산악 지역은 선사 시대를 연상케 하는 동굴 거주인들로 넘쳐나며, 구불구불한 도로 사이로 경관은 계속 바뀐다. 우리는 왜 쿠르드 시인들이 산악 지역의 아름다움을 찬양하는지 이해할 수 있다. 가끔 우리는 사담 후세인이 건설한 요새들을 지나가게 된다. 그리고 길을 따라 가다 보면 여기저기에 포도나무로 뒤덮인 노천 식당들을 발견하게 된다. 이 식당들은 대개 가족 여행객들이 방문하는 곳이었기 때문에 도시의 찻집과 전혀 다르게 남녀 동석이 가능하다. 사우디아라비아 사람들이 세운 이슬람교 사원들은 거의 모두 비슷하게 생겼으며 상당히 뾰족한 첨탑을 가지고 있다. 이 사원들은 마을과 촌락 주변의 길 여기저기에 산재해 있다. 20년 전만 해도 이 지역의 여성은 다양한 색상의 의복을 착용했으나, 지금은 검은색 베일을 주로 착용한다. 이는 이슬람주의의 영향이 이 지역까지 미치고 있음을 분명히 보여준다.

수도 아르빌은 별 구경거리가 없는 도시이긴 하지만, 거주지역의 복구가 한창인 요새와 활기찬 시장, 테라스를 갖추고 있으며 화려하게 채색된 카페 마츠코Machko가 있다. 카페 내부는 지역 유명 인사들의 사진들로 장식되어 있는데, 이 중 뜻밖에도 철학자 아르투어 쇼펜하우어Arthur Schopenhauer의 사진이 걸려 있기도 하다.

2014년 초여름에 4만 2000제곱킬로미터에 해당하는 쿠르드 자치구역의 주민 수는 470만 명 정도였는데, 이는 이라크에 거주하는 쿠르드인의 3분의 2에 해당하는 숫자였다. 키르쿠크와 같은 나머지 지역은 거의 바그다드의 직접 통치를 받고 있다. 쿠르드 자치구역은 경쟁하는 두 정당이 각각의 행정부를 운영하고 있다. 북부 지역은 마수드 바르자니가 이끄는 쿠르드민주당이 통치하고 있으며, 남부 지역은 잘랄 탈라바니가 이끄는 쿠르드애국동맹이 통치하고 있다. 1994년과 1996년에 있었던 충돌 이후에 이 두 정당은 그들이 같은 운명에 처해 있다는 사실과, 패배든 승리든 모두 함께 책임져야 한다는 사실을 마침내 깨닫게 되었다.

경제적으로 풍요하고 더 많은 인구가 거주하고 있는 북부 지역은 다후크와 아르빌 두 도시에 행정부를 두고 있으며, 12만 5000명 정도의 공무원을 기용하고 있다. 반면 남부 지역의 행정부는 술라이마니야에 있으며 9만 7000명의 공무원을 기용하고 있는데, 이들이 모두 필요한 것은 아니지만 일자리를 창출하기 위해 고용되었다. 미래가 불확실하다는 사실 이외에 쿠르드 자치구역의 핵심 문제는 실업이다. 하지만 여러 면에서 볼 때, 특히 나머지 이라크 지역과 비교해볼 때, 쿠르드 자치구역은 제도적으로 안정되어 있다고 볼 수 있다.

쿠르드인들은 교육과 의료, 거주와 도로 건설 문제에 대해서 대단한 자부심을 가지고 있는데, 그들의 강점은 오히려 다른 분야에서 더 두드러지게 나타나고 있다. 물론 북부 지역이나 남부 지역 모두 미디어를 통해서 상대방 정당을 추켜세우는 일은 절대 없다. 하지만 중동 지역 대부분의 나라들과 비교해볼 때 쿠르드 자치구역은 상당한 언론의 자유를 누리고 있다. 특히 소수민족

에 대한 정책은 이웃 나라들과 완전히 구분된다. 대부분의 쿠르
드인들과는 달리 이라크 쿠르디스탄은 칼데아인이나 아시리아
인들과 같은 종교적·민족적 소수 그룹을 절대로 차별하지 않는
다. 이들은 몇만 명 정도에 해당하는 소수 그룹으로 칼데아인들
은 가톨릭교도이며 아시리아인들은 기독교 자치교회에 속한다.
예배에서 아람어를 사용하는 칼데아인과 아시리아인들은 제1차
세계대전 때 터키 청년튀르크당에 의해 소아시아로부터 추방당
했으며, 이라크가 독립한 1930년대 초반에 이라크에서 고통스러
운 나날들을 보내야만 했다. 그 이후로 많은 칼데아인과 아시리
아인은 미국과 프랑스로 이주했다. 하지만 현재 쿠르디스탄에
거주하는 칼데아인들과 아시리아인들은 문화적 자유를 누리며
자체적으로 신문과 잡지를 발행하고 라디오와 텔레비전 방송국
을 보유한다. 또한 정치적으로도 활발한 활동을 벌이고 있다.[6]
아르빌의 칼데아 교회인 성 요셉Saint Joseph 교회에서는 부활절 예
배가 성대하게 거행된다. 아마디아의 프랑스어권 대주교인 라반
알 카스Rabban al-Qas는 그의 지지자들로부터 존경을 받고 있는데
특히 가난한 자들을 돕는 자선 행위 때문에 사람들의 존경을 많

---

6   콜린 파월(Colin Powell) 장관은 2003년 미국 의회에 제시한 세계 인권에 대한 보
     고서에서 아시리아인들이 억압받고 있다고 주장했는데, 조사된 바로는 사실이 아
     님이 드러났다.

이 받고 있다. 북부 지역을 통치하는 쿠르드민주당은 라반 대주교가 시무하는 교회와 부속 학교 시설의 건설 비용을 부담하기도 했다.

사담 후세인 정권 아래서 '악마의 숭배자'로 멸시받았던 야지디인들은 고대부터 간직해왔던 이원론에 근거한 섹트적 성격을 계속 유지하고 있다. 이들은 다후크에 중앙 본부를 두고 있으며, 이곳에서 박물관과 도서관, 그리고 종교 음악 카세트를 통해서 그들의 문화에 대한 정보를 계속 수집하고 있다. 동굴에 건설된 그들의 성전은 랄리시Lalish에 있다. 마지막으로 30만 명 정도에 해당하는 투르크멘인들도 그들의 권리를 보장받고 있으며, 그들의 대표들은 의회에서 활동하고 있다.

지난 세기에 아르빌을 방문했던 방문객이 10년 후에 이 도시를 재방문할 경우, 도시 외관의 변화 때문에 놀라움을 금치 못할 것이다. 현대적인 공항과 고급 호텔, 규모가 큰 상점과 쇼핑 지역들이 들어섰으며, 여기저기 건설되고 있는 고층 빌딩과 입주가 끝난 건물들의 규모는 압도적이다. 석유로 벌어들인 돈이 갑자기 도시의 일부 지역을 변화시키고 있는 것이다. 일반 공무원이나 고급 공무원 중 갑자기 부를 축적한 사람들에게 절대 돈의 출처를 묻지 않고 정부의 제재도 거의 없기 때문에 부패는 마치 합법적인 제도처럼 퍼져나가고 있다. 쿠르드를 향한 적대감으로 가득한 이웃 국가들로 둘러싸인 쿠르디스탄은 바로 '두바이 신드

롬'에 사로잡혀 있다.

2011년부터 전 중동 지역, 특히 시리아에 불어닥친 '아랍의 봄'이라고 불리는 혁명의 물결은 심각한 후유증을 남겼다. 하지만 이라크 쿠르드 지역은 고립된 섬처럼 혁명의 물결을 피해 갈 수 있었다. 이라크 전 지역에서 매주 테러가 일어나는 동안 쿠르드 지역에서는 10년 동안 5번이나 6번 정도의 테러가 있었을 뿐이다. 이를 통해서 페시메르가 쿠르드 민병대와 같은 경찰이 전 지역을 철저하게 통제하는 이라크 쿠르디스탄의 안전성이 증명된 것이다.

하지만 모든 문제가 해결된 것은 아니었다. 쿠르드민주당과 쿠르드애국동맹의 분열은 겉으로 보이는 것과 다르게 상당히 골이 깊으며, 가장 심각한 문제는 각 정당이 각자 군대를 소유하고 있다는 사실이다. 2013년 9월에 페시메르가를 관할하는 행정부가 고란당[7]에 귀속되었지만, 그렇다고 해서 페시메르가를 관할하는 장관이 민병대를 직접 통제하고 있다고 볼 수 없었다.

2014년 여름까지 쿠르드인들은 평화를 유지할 수 있었다. 그해 6월에 IS가 모술을 공격하고 이라크 군대가 모술에서 후퇴

7 　나우시르완 무스타파 아민(Nawshirwan Mustafa Amin)은 잘랄 탈라바니가 이끄는 쿠르드애국동맹에서 갈라져 나와 고란당을 창당했다. 탈라바니는 건강상의 이유로 이라크 대통령 자리를 내주었다.

한 사건으로 인해서 잠시 동요가 일어나기도 했지만, IS가 쿠르드를 공격할 가능성은 희박하다고 판단되었다. 하지만 결국 쿠르드 민주당의 군대는 IS의 지하디스트에 의해서 7~8월에 주마르와 신자르로 쫓겨났다.

이 패배는 쿠르디스탄의 군대가 전혀 준비되어 있지 않았기 때문이었다. 군대는 최근에 훈련을 제대로 받지도 못했으며 적절한 무기도 보유하고 있지 않았다. 지휘관과 부지휘관들의 부재도 명백했다. 잠시 동안의 평화로움에 눈이 멀어 이라크 쿠르디스탄은 유일한 방어 수단인 동시에 미래를 보장하는 유일무이한 수단인 군대 관리를 소홀히 했던 것이다.

바그다드의 패배로 쿠르드인들은 반세기 전부터 그들의 영토라고 주장해왔던 지역을 어렵지 않게 차지할 수 있는 기회를 얻게 되었다. 하지만 바그다드가 바로 코앞에 있는 상황에서 그들의 손에 때맞추어 굴러든 땅의 미래를 보장하는 것은 쉬운 일이 아니었다.

다른 문제는 제쳐두고 이라크 쿠르디스탄은 어떻게 10년 전에 막강한 군사력을 지녔던 군대를 하루아침에 무용지물이 되도록 놔두었단 말인가? 왜 다후크에 있는 군사 훈련소는 더 이상 제대로 기능을 하지 못했는가? 어떻게 페시메르가 민병대는 시간제 용병으로 전락하고 말았는가? 분명 쿠르디스탄 내의 분열주의가 큰 영향을 미쳤을 것이다. 어쨌든 연합군 공군의 지원이 없었다면 이라크 쿠르디스탄은 붕괴되고 말았을 것이다. 이라크 쿠르드인들은 그들이 원하건 원치 않건 간에 중동 지역의 갈등을 비껴갈 수 없었다. 다시 구체적인 사건들로 돌아가 보자.

2014년 6월 10일 이라크와 레반트 지역에서 활동하던 IS는 모술을 점령했으며, 이라크는 모술에서 완전히 후퇴했다. 이라크 군대는 후퇴하는 과정에서 모든 장비들을 파괴하지도 않고 그대로 놔둔 채 줄행랑쳤다. 제일 먼저 도망친 사람들은 바로 장교들이었다.

이라크 군대는 IS보다 모든 면에서 훨씬 우세한 장비와 인력을 갖추고 있었다. 모술에는 8만 6000명의 이라크 군사와 경찰들이 있었지만, 그들 중 그 누구도 전투에 임할 준비가 되어 있지 않았다. 고위 공직자부터 부패로 썩은 모술 행정부가 바그다드 정권의 군대를 타락시킨 것이다. 승리는 바로 눈앞에 있는 것처럼 보였고, 지하드를 추구하는 아마추어 병사들은 앞다투어 터키 국경에 있는 IS 진영에 합류했다. IS의 승승장구로 시아파들은 기선을 빼앗긴 것처럼 보였다.

바로 이때 아부 바크르 알 바그다디 Abu Bakr al-Baghdadi가 칼리파 IS를 선포했으며, 자신이 이 국가의 수장인 칼리파라고 공표했다. 알 바그다디의 IS 선포는 상당한 파장을 일으켰으며, 알카에다는 IS와 거리를 유지했다.

IS의 탄생으로 이라크는 세 지역으로 나뉘게 되었다. 이라크

중부와 남부는 시아파가 점령하고, 북부 지역은 쿠르드가 점령했으며, 수니파 지역을 IS가 점령한 것이다. 2014년 8월 이라크 총리 누리 알 말리키Nouri al-Maliki가 사퇴하면서 하이다르 압바디Haidar al-Abadi가 총리직을 맡게 되었다. 어떻게 상황이 이렇게까지 진전된 것일까?

제3차 걸프전

시간을 좀 더 거슬러 올라가 보자. 2001년 9·11 테러 발생 직후 미국은 이라크 정권을 무너뜨리겠다는 의지를 공식적으로 표출했다. 이러한 목표 아래 미국은 정치적 성향 때문에 분열되어 있었던 쿠르드인들에게 통합할 것을 요구했다. 이는 사담 후세인 정권의 붕괴를 위한 이라크 공격과 그 이후의 행정 관리를 용이하게 하기 위한 조치였다. 미국은 또한 쿠르드 군대와 그들의 정보망에 큰 기대를 걸고 있었다.

매들린 올브라이트Madeleine Albright 미국 국무장관의 중재로 1998년 워싱턴에서 잘랄 탈라바니와 마수드 바르자니는 평화 조약에 서명했다. 이 조약을 실행하기 위해서 두 정당 사이를 중재하는 고등 위원회가 설치되었지만, 이 조약은 결국 실현되지 못했다. 고등 위원회는 4년 동안 55차례 모임을 가졌으며, 수천 명의 망명자들을 고향으로 다시 돌려보내기 위한 노력을 기울였다. 하지만 두 정당의 통합은 계속 지연되었다.

국회의장은 쿠르드민주당과 쿠르드애국동맹에서 번갈아가 며 맡기로 약속되어 있었다. 잘랄 탈라바니는 1999년 그에게 주 어졌던 쿠르디스탄 대통령직을 거절했는데, 그 대신 정치국 당원 코스라트 라술에게 내려진 사형 판결을 취소해줄 것을 아르빌 형 사 재판소에 요구했다. 코스라트 라술은 1995년 자코에서 96명 의 민간인이 희생된 자동차 테러 사건을 도모한 죄로 사형을 선 고받았던 인물이다.

법률적으로 볼 때 드문 일이기는 했지만, 두 개의 정부는 각 각의 행정부를 통해서 별문제 없이 기능했으며, 이 두 정부는 모 두 국회의 승인을 받고 있었다. 2002년 10월 4일 두 정당의 지도 자들이 입회한 가운데 연합 모임이 성대하게 치러졌다. 이 모임 에 참석한 유일한 외국 사람은 바로 다니엘 미테랑이었는데, 다 니엘 미테랑은 프랑스자유재단의 대표였으며 '쿠르드의 어머니' 라고 불렸던 사람이다. 그녀는 쿠르드를 향한 헌신 때문에 이 모 임에 초대받았다. 콜린 파월과 쿠르드 문제에 관심을 두고 있는 몇몇 국제 인사들은 축하 메시지를 보냈으며 두 지도자를 적극 지지한다는 의사를 표명했다.

쿠르드민주당은 술라이마니야 정부의 합법성을 인정했으며, 쿠르드애국동맹은 국회 활동에 대한 원칙에 동의했다. 쿠르드민주당이 다수였던 것은 사실이지만, 그것은 상징적 의미를 지닐 뿐이었으며 모든 중요한 결정은 두 당의 합의하에 이루어졌다. 실제 현장에서 각 행정부는 이러한 분할 통치가 일시적이라는 사실을 인정해야 했으며, 자신의 행정부가 쿠르디스탄의 유일한 합법 기관이 아니라는 사실도 받아들여야 했다. 쿠르드족의 입장에서 볼 때 쿠르드 통일은 결국 상징적 의미를 띠고 있었지만, 미국이나 이라크의 관점에서 바라볼 때 쿠르드 통일은 중요한 문제였다.

2002년 12월 14~16일에 런던에서 사담 후세인 몰락 이후를 준비하기 위한 회의가 사담 후세인 반대파들을 중심으로 열렸다. 이슬람다와당Al-Daawa과 이라크 공산당을 제외한 모든 반대파 정당들의 대표 300여 명이 이 회의에 참석했다. 이들은 주변 국가들의 망설임에도 불구하고 민주주의와 복수 체제에 기반을 둔 의회 제도의 도입과 연방제를 골격으로 하는 이라크 국가 설립 원칙에 동의했다. 이슬람의 국교화가 원칙으로 정해지고 소수민족인 투르크멘인과 아시리아-칼데아인들의 권리도 인정하기로 결정되었다. 이라크는 독립된 주권국가로서 주변 국가들이 이라크 내부 문제에 개입하는 것을 허용하지 않겠다는 의지를 뚜렷하게 표명했다. 2003년 2월 쿠르디스탄에서 열리게 될 두 번째 만남을 위한 위원회가 조직되었다. 쿠르드 정치 제도는 새로운 이라크의 기본을 조직하기 위한 탁월한 본보기로 제시되었다. 이 기

간에 미국 외무부는 국제사회가 이라크 문제에 관심을 가지도록
설득 작업을 벌였다.

　미국은 사담 후세인을 무너뜨리기 위해서 쿠르드인들이 필
요했다. 하지만 이스라엘과 계속 우호적인 관계를 맺고 있었고
나토 회원국 중 두 번째의 군사력을 보유하고 있었던 터키는 쿠
르드에 상당히 적대적이었다. 반면 쿠르드인들은 터키 군대가
쿠르디스탄에 들어올 경우, 터키의 내정간섭이 시작될 것이라고
우려했다. 2003년 2월 26일 10만 명에 이르는 쿠르드인들이 터
키를 비롯한 모든 이웃 국가의 군사 개입에 반대하는 시위를 벌
였는데, 쿠르드인들은 그 어떤 명분으로도 외국 군대가 개입하는
것을 원하지 않았다.

　2003년 3월 1일 터키 의회는 7만 명의 미군이 터키에 주둔
하는 것을 거부했으며 이들이 터키 영토를 통행하는 것도 거부했
다. 유럽의 여론은 전쟁에 결사반대했으며, 따라서 프랑스와 독
일은 연합군에 동참하는 것을 거부했다.

'대大중동'

왜 미국은 사담 후세인의 이라크를 공격 대상으로 삼았던 것일까?
우리는 9·11 테러 사건 이후 오사마 빈라덴Osama bin Laden이 사우

디아라비아의 미군 철수와 이라크 봉쇄 해제를 요구했었다는 사실을 기억하고 있다. 빈라덴은 이슬람 성지인 사우디아라비아가 미군의 주둔으로 인해서 더럽혀졌다고 생각했던 사람이다.

9·11 테러범들의 근거지는 사우디아라비아와 파키스탄이었으며, 미국은 그들의 '연맹국'을 침공할 아무런 명분도 가지고 있지 않았다. 그 당시 조지 워커 부시George Walker Bush 대통령의 자문관들은 펜타곤의 우파라 불리는 '강경파'들이었는데, 이들은 아프가니스탄이 알카에다 지도자 인도를 거부하자 이에 대한 보복으로 아프가니스탄을 공격한 후, 이라크 정권을 무너뜨리고 '대大중동'을 재구성하려는 계획을 검토하고 있었다. 이라크와 전쟁을 시작하면서 그들이 내세운 명분은 이라크가 보유하고 있는 대량 살상 무기가 국제 평화를 위협한다는 것이었다. 하지만 무기 전문가들이 이라크를 방문해서 조사를 벌였으나 결정적인 증거를 확보하지 못했다. 그동안 유럽의 여론은 전쟁에 반대하는 쪽으로 기울어가고 있었다. 2003년 2월 15일 로마에서 300만 명, 런던에서 200만 명, 마드리드에서 10만 명이 전쟁에 반대하는 시위를 벌였다. 프랑스도 전쟁 참가를 거부했다. 이러한 반대에도 불구하고 부시 대통령은 유엔의 동의도 얻기 전에 사담 후세인에게 최후통첩을 전했다. 그 내용은 3월 17일까지 사담 후세인과 그의 아들들이 이라크를 떠나야 한다는 것이었다.

3월 20일, 최후통첩 후 몇 시간이 지난 새벽 5시 35분(현지

시각)에 이라크 해방 작전이 시작되었다. 미사일 공습이 이루어지고, 미국과 영국 부대가 쿠웨이트로부터 이라크 국경으로 진군했다. 또한 이라크 남부에 위치한 항구 도시 움카스르Umm Qasr를 통해서 상륙 작전이 펼쳐졌으며, 요르단에 주둔하던 특공대가 동부 지역을 공략했다. 그리고 3월 26일 아르빌 북부 지역에서는 낙하산으로 침투한 소부대가 페시메르가 민병대의 도움을 받아 작전을 개시했다. 연합군은 어떤 저항에도 부딪히지 않았으며 침공한 지 2주 만에 바그다드에 입성할 수 있었다.

연합군의 군사력은 12년 동안 선박 억류와 경제 봉쇄 정책에 시달려온 이라크의 군사력을 압도했다. 이라크 주민들의 3분의 1은 전쟁을 피해 이라크를 떠나거나 쿠르디스탄으로 피신했다. 이로 인해서 쿠르디스탄의 인구는 갑자기 두 배로 늘어나게 되었다.

미국의 점령

미국에 의해 조직된 점령 정부는 1년 이상 이라크 행정을 맡았는데, 미국은 전쟁에만 신경을 쓰고 점령 정부 관리는 소홀히 했다. 모두의 기대와는 다르게 미국은 독재 정권이 떠난 행정 공백을 즉각적으로 대체하지 않았다. 빈곤 지역의 주민들은 독재자를 상징하는 모든 기물뿐만 아니라 공공재산까지 약탈하고 불 지르고 파괴했다. 박물관, 도서관, 병원, 그 외에 모든 종류의 공공시설이 이로 인해 파괴되었다. 그리고 전쟁이 터진 바로 그다음 날 사담 후세인에 의해 석방된 일반범들도 이러한 약탈 행위에 동참했다. 이 지역에는 보통 저항의 표시로 국가 상징을 파괴하는 전통이 있다. 점령 군대는 공공시설을 보전하기 위한 어떠한 조치도 취하지 않았으며, 유일하게 보전된 것은 석유로 벌어들인 국가의 수입뿐이었다. 석유 장관은 이를 외화로 보유해 관리하고 있었다.

사담 후세인 정권의 관리들은 모두 바트당 소속이었다. 미국은 바트당 소속 관리들이 점령 정부에 비협조적으로 행동할 것이라고 판단하고 이들을 모두 해고했으며, 사무실을 모두 파괴시켜 버렸다. 1991년 쿠르드 원조 작전에서 지휘를 맡았던 전직 장교인 제이 가너Jay Garner가 이라크 재건과 인도주의적 원조를 책임지는 사무국장으로 임명되었다. 그는 새로운 행정부 구성에 집중하면서 쿠르드 정치조직은 그대로 보전했다. 하지만 가너는 수도, 전기, 석유 생산 시설을 복구하는 데 결국 실패하고 말았다. 관료 출신인 폴 브레머Paul Bremer가 가너를 대신해서 새로운 사무국장으로 임명되었다. 브레머는 잔존하는 바트당 세력을 모두 제거했으며, 이와 함께 쿠르드 관료 몇 명도 해고했는데, 쿠르드 관료 중 마무드 오트만은 계속 머무르게 했다. 전쟁 이전에 이라크 정부의 행정력을 어느 정도 남겨두어야 한다는 결정이 내려졌으나, 브레머는 이와 같은 결정을 완전히 무시하고 군대와 경찰 그리고 정보부를 해체해버렸다. 이로 인해서 10만여 명의 실직자가 생겼다. 그는 쿠르드 민병대도 해체하려 했으나, 현지에서 폭력 문제가 계속되고 쿠르드인들이 비무장화와 점령 군대에 대한 복종을 거부하자 자신의 입장을 바꿀 수밖에 없었다.

2003년 5월 22일 뉴욕에서 유엔 안전보장이사회는 이라크 공격에 대한 사후 승인을 내용으로 하는 결의안 1483호를 통과시켰다. 이 결의안은 이라크의 자주권을 인정하고 이라크가 천연자원을 스스로 통제할 권리가 있다는 사실을 명백히 했다. 또한 영미 연합군을 점령자로 간주했는데, 이는 연합군이 스스로를 해방자로 여겼던 사실에 부합하지 않았다. 아랍 국가들의 언론은 미국의 수탈 행위를 생생하게 보도했으며, 연합군을 상대로 공격을 감행한 자들을 '레지스탕스'라고 칭송했다. 안전보장이사회는 10월 16일 결의안 1511호를 통해서 이라크 정부를 대리하는 임시위원회를 승인했다. 연합군은 '이라크에서 유엔의 위탁 임무를 행사하는 다국적군'의 역할을 맡게 되었다. 따라서 관공서는 다시 기능하기 시작했으며, 봉급이 지급되고, 언론·집회의 자유와 정당의 복구나 창당이 다시 허용되기 시작했다. 하지만 공공 안전 문제는 계속 불안정한 상태로 남아 있었으며, 범죄율도 계속 증가했다. 야간 치안 기관의 설립은 요원해 보였다.

2003년 8월 초부터 바트당 저항 조직이 생겨나기 시작했다.

이들은 시리아와 이란 출신의 아랍 이슬람주의자들로 이루어진 자살 특공대의 도움을 받았는데, 이들 중에 터키 이슬람주의자들도 소수 포함되어 있었다.

바트당 고위직 명당에 올라가 있었던 사람들은 고사하고 바트당 당원들 그 누구도 점령 정부의 추적을 당하지 않았으며 무기 소지에 대한 추궁도 받지 않았다. 그리고 국경은 계속 열려 있었다. 따라서 우리는 미국이 이슬람 테러리스트들을 소탕하기 위해서 그들을 이라크 영토로 끌어들인 게 아닌가 묻지 않을 수 없다. 왜냐하면 미국은 전쟁터가 된 이라크 내에서 테러리스트들을 소탕하는 것이 작전상 유리하다고 판단했기 때문이다.

쿠르디스탄은 페시메르가 덕분에 폭력이 난무하는 이라크 내부 문제에 휩싸이지 않았다. 페시메르가는 쿠르디스탄이 단결하는 데 커다란 기여를 했다. 국제사회는 이라크인이 다시 정권을 잡아야 한다고 주장했으며, 정권 이양일은 2004년 6월 30일로 책정되었다. 연합군의 임시 정부는 이날 이후로 해체되었으며, 이라크 정부가 정권을 이양받았다.

새 정부는 다양한 민족 집단과 종교 공동체를 중심으로 구성되었다. 이라크 역사상 처음으로 민족 집단과 종교 공동체의 대표들이 의회에 참여하게 되었는데, 분배 비율은 레바논처럼 인구 비율에 의해 결정되었다. 이라크의 주류 공동체인 시아파는 25석 중 13석을 얻었고, 쿠르드인들과 수니파 아랍인들은 각각 5석

을 얻었다. 마지막으로 아시리아인들과 투르크멘인들은 각각 1
석을 얻었다.

　　정부가 해야 할 일은 산더미 같았다. 거의 모든 영역을 복구
해야 했다. 공공기관의 기능은 거의 마비된 상태였으며, 기간 시
설들도 거의 파괴된 상태였다. 유전시설은 구식이었고, 한여름에
그늘의 온도가 50도까지 올라가는 나라에서 전기 생산은 수요를
따라가지 못했으며, 식수 처리도 엉망이고 공급도 불충분했다.
전화 통신도 거의 두절된 상태였으며, 연결이 된다 하더라도 상
태는 엉망이었다. 시급한 문제들을 해결하기 위해 도입된 방안은
상당한 대가를 치러야 했다. 가정용 휘발유와 가스는 터키, 쿠웨
이트, 이란, 시리아에서 수입되어 거의 무상으로 분배되었다.

　　계속되는 테러와 일반 범죄 그리고 납치의 증가는 이라크 투
자자들을 실망시켰다. 심지어 엄청난 규모의 국제 개발 기금(유
럽연합으로부터 186억 유로, 일본으로부터 50억 달러 등)은 제대로 쓰
이지도 못했다.

　　수니파 지역은 정권의 분배에 대해서 불만이 많았으며, 심지
어 굴욕감을 느끼기까지 했다. 권력 분배로 인해서 수니파들은
그들의 권리가 박탈당했다고 느꼈는데, 이는 그들 자신이 이슬람
세계의 주류일 뿐만 아니라 정치권력의 유일한 소유자라고 생각
했기 때문이다. 수니파는 실제로 오스만 제국과 영국의 위임 통
치, 왕정과 사담 후세인 정권 밑에서 자신의 권력을 계속 행사했

었다.

수니파는 무슬림도 아닌 외국 세력의 침입으로 자신이 합법적으로 행사하고 있다고 생각했던 권력을 박탈당했으며, 이로 인해서 자신이 이단 세력으로 취급하는 시아파가 득세하게 되었다고 생각했다. 시아파는 그들과 8년간 전투를 벌여온 이란과 동맹을 맺지 않았던가! 또한 쿠르드인들은 아랍인도 아니고 이라크 국가 창설 이후 계속 억압당해왔던 민족에 불과하지 않은가!

특별 케이스인 쿠르드

미국이 이라크의 연방국가제를 보장하고 이라크 저항 세력들이 강력하게 버티고 있었기 때문에, 쿠르디스탄은 여러 갈등에도 불구하고 느긋한 자세를 취했다. 비록 그들이 원하는 유전 지역을 아직 돌려받지 못했지만, 그들의 정부 기관은 계속 유지할 수 있었으며 점령 정부의 직접적인 간섭도 받지 않았다. 터키는 계속 쿠르디스탄 문제에 개입하겠다고 위협했지만 실제적인 군사 개입은 자제했다. 이라크 지역의 혼란은 쿠르디스탄에 전혀 영향을 미치지 않았으며 그들은 오히려 바트당 정권이 무너지면서 약탈된 물건들과 운송 수단을 싼값에 사들일 수 있었다. 쿠르디스탄만이 유일하게 투자자들과 방문객들의 관심을 끌었다.

하지만 쿠르드 자치구역의 유일한 수입원이었던 관세가 폐지되고, 더불어 수도세와 전기세도 폐지되는 바람에 쿠르드 자치구역은 관직자들의 봉급도 지급할 수 없는 상황에 처하게 되었다. 하지만 접경 국가의 국경선이 개방됨으로써 물자와 인적 왕래가 다시 가능하게 되었다.

이라크의 독립과 2005년 선거

이라크의 합법적인 선거를 위해서 채택된 선거 방식은 개인이나 정당 명부에 대한 비례 대표제였다. 이 제도를 통해 쿠르드인들은 그들이 어디 있건 간에 쿠르드 후보자에게 투표할 수 있었다. 따라서 각 지역은 그들의 인구 비율을 최대한으로 이용했다. 외국에 거주하는 이라크인들을 위해서 14개의 외국 선거사무소가 설치되었으며, 대략 111개의 명단이 등록되었다. 상당히 다양한 아랍게 정당들에 맞서 쿠르드인들은 쿠르디스탄연합이라는 한 개의 명단만 등록했는데, 이는 소수 집단을 포섭하기 위한 전략이었다. 이러한 합의는 쿠르드민주당이 지역 통치권을 부여받는 대신 쿠르드민주당이 탈라바니를 이라크 국가의 수장으로 세우는 데 조력해야 한다는 원칙하에 이루어졌다.

2005년 1월 30일 수니파 지역을 제외한 전 지역의 이라크인들이 선거를 치르기 위해서 대거 이동했다. 시아파 이슬람교 지도자 알리 알 시스타니Ali al-Sistani가 48.2%를 얻었다. 쿠르디스탄 연합은 두 번째로 많은 25.7%를 차지했으며, 미국의 지지를 받는 시아파 후보는 세 번째로 13.6%를 차지했다. 임시 대통령이 었던 수니파 대통령은 1.7%의 득표율밖에 얻지 못했다. 2005년 2월 1일 투표 결과에 따른 의석 분배 결과가 발표되었으며, 잘랄 탈라바니는 이라크 공화국의 대통령이 되었다. 역사상 처음으로 쿠르드인이 국가 수장이 된 것이다. 국무 총리는 이슬람호소정당의 총재인 이브라힘 알 자파리Ibrahim al-Jaafari가 맡게 되었으며 국회의장은 두 명의 수니파인이 맡게 되었다.

쿠르디스탄 국회에서도 쿠르디스탄 연합이 111석 중 104석을 차지했다. 국무총리는 네치르반 바르자니가 맡았으며, 국회의장은 쿠르드애국동맹의 지도자였던 아드난 무프티Adnan Mufti가, 그리고 하원 의장은 케말 키르쿠키Kemal Kirkuki가 맡았다.

유동적이고 모두에게 공평한 이라크 헌법

9월 18일 이라크 헌법 최종안이 유엔에 제출되었으며, 헌법은 국민투표에 부쳐졌다. 그해 10월에 유권자의 63%가 투표에 참가해 78.6%가 헌법에 찬성했다. 쿠르드인들은 99%가 찬성했으며,

시아파는 97%가 찬성표를, 그리고 수니파는 97%가 반대표를 던졌다.

이라크 공화국의 성격은 '의회와 민주주의를 기반으로 하며 복수 체제를 인정하는 연방국'으로 규정되었다. 이 중 마지막 특징인 연방국은 쿠르드인들의 강력한 요구사항이었다. 시아파의 경우 이라크 공화국을 '이라크 이슬람 공화국'으로 부르기 원했다. 하지만 공식적으로 1991년부터 사용되었던 이전 정권의 명칭이 절충안으로 채택되었는데, 바로 '이라크 공화국'이다.

이슬람교에 대한 문제는 계속 해결되지 않고 남아 있었다. 시아파는 이슬람이 헌법의 유일한 토대가 되기를 원했으나, 쿠르드인들은 세속적인 공화국을 원했다. 이슬람은 결국 국가 종교와 헌법의 '핵심 토대'로 채택되었으며, 여론과 언론, 시위의 자유도 보장되었다.

이라크 헌법은 고문과 모욕적인 체벌 행위를 금지했으며, 이중 국적을 허용하고, 무상 교육과 무상 의료를 보장하는 사회보장제도를 채택했다. 시민단체 결성이 장려되었으며, 사유재산과 자유경제도 보장되었다. 군대는 시민 정권의 통제하에 놓이게 되었다. 또한 여성들은 정치 참여의 자유를 보장받았으며 공직에 참여할 수 있는 기회도 주어졌다. 의회는 최소한 의원의 25%를 여성으로 구성해야 한다는 원칙도 세워졌다. 한 가지 빠진 것이 있다면 바로 법치 국가에 대한 언급이었다.

권력은 분명하게 분배되었다. 행정부는 공화국의 대통령에 의해 대표되는데, 대통령직은 기본적으로 국가를 대표하는 명예직에 속하고, 각료 회의의 보조를 받으며, 정부는 행정부 권력의 대부분을 통제한다고 정해졌다.

그럼에도 불구하고 해결되지 않은 여러 가지 문제가 계속 남아 있었다. 특히 다른 지역들을 연방국가로 편입하는 문제가 제일 큰 과제였다. 수니파는 수입원의 유리한 분배를 제일 중요하게 생각했으며, 그 외에 사담 후세인 정권 밑에서 부당하게 억압받았던 지역들의 개발 수준을 정상으로 끌어올리는 것이 큰 과제로 남아 있었다. 일상생활 속에서 이러한 문제들이 계속 갈등의 원인이 되고 논의의 대상이 되었지만 해결책 역시 계속 뒤로 미루어졌다. 어쨌든 어느 정도 유동적이고, 모두가 수용할 수 있는 공평한 헌법의 제정이 가장 시급했다.

쿠르드인들은 두 가지 문제를 안고 있었는데, 하나는 국민투표 이후 6년 안에 그들 자신이 원했던 권리를 보장받는 것이었고, 또 하나는 '이라크 연방 공화국'이라는 명칭에 대한 문제였다. 2003년 여론조사에서 98% 이상의 쿠르드인들은 독립을 원한다고 밝혔다. 하지만 주변 국가들은 쿠르드의 독립을 절대 원하지 않았으며, 지금까지 그 의견은 변하지 않고 있다. 연방주의는 쿠르디스탄이 요구했기 때문에 채택된 체제이지만, 이로 인해서 이라크 내에 다른 연방주가 생겨날 가능성을 배제할 수 없었다.

여러 기관 중 다음의 9개 기관(대외 정책, 외교, 경제·무역 정책, 국적과 외국인 거주 문제, 화폐와 세금 정책, 우편과 통신, 예산, 수자원 관리와 인구조사)은 연방국가 차원에서 운영된다고 결정되었으며, 다음의 7개 기관(관세, 전기 생산과 공급, 환경 정책, 개발, 의료, 교육, 수력 자원의 조직)은 지방 행정부의 참여를 보장했다.

이라크의 공식 언어는 아랍어와 쿠르드어, 두 언어로 지정되었다. 새로 제정된 헌법은 쿠르디스탄의 합법성을 인정하는 동시에 연방주 행정부들의 통치권도 인정했다. 연방주 행정부는 이라크의 어떤 행정적 간섭이나 정보부의 간섭을 받아서는 안 된다는 조건이 붙었는데, 이는 세계적으로 유일한 경우였다. 그리고 지리적 경계선에 대한 문제가 제기되었는데, 특히 키르쿠크와 쿠르디스탄 내의 아랍화된 지역의 경계선 문제가 화두에 올랐다. 지리적 경계선을 정하는 문제는 2007년 11월 30일까지 해결하기로 합의되었으며, 이날을 기점으로 피신했던 쿠르드인들과 아랍인들은 그들의 고향으로 모두 돌아가도록 권유받았다. 이는 사담 후세인이 강제 이주 조치를 내리기 전의 인구 분포를 복원하려는 의도로 시행되었으며, 또한 각 지역들이 투표를 통해 스스로가 쿠르디스탄에 속하는지 아닌지를 자체적으로 결정하게 하려는 조치였다. 하지만 이 조치는 결국 실현되지 못했으며, 키르쿠크 문제도 해결되지 못했다.

이미 개발된 유전의 수입 분배는 중앙정부가 관리하게 되었으며, 새로이 개발된 유전의 수입은 지방정부가 차지하게 되었다. 석유와 가스가 풍부했던 쿠르디스탄은 바그다드의 반대에도 불구하고 외국 기업들과 직접적으로 개발 사업에 착수했지만, 2007~2008년까지 개발 사업에 별 진전이 없었다.

현재 이라크의 쿠르디스탄

쿠르디스탄은 계속 전통사회적 특성을 유지하고 있으며, 조금씩 근대화에 물들긴 했지만 대가족주의가 여전히 중요한 역할을 하고 있다. 오늘날 다양한 성격을 띠는 정치 정당들은 아직도 이러한 혈연주의를 중심으로 운영되고 있다. 정당의 지도자는 계속 가족의 후계자가 물려받으며, 이는 경제와 관련된 요직도 마찬가지이다. 가끔 이러한 요직에 과거에 용맹스럽게 싸웠던 전투원들이 임명되기도 한다. 공공 계약과 경제 투자는 정당과 친분 관계를 맺은 조직들이 독점하고 있다. 민주주의 제도의 도입에도 불구하고 세력 다툼과 위계질서, 그리고 우선권 빼앗기 등이 계속 중요한 변수로 작용하고 있다. 이와 같은 사실 때문에 쿠르드 젊은이들은 점점 더 낙담하고 있는데, 왜냐하면 권력자 가족에 속하지 않는 사람은 쿠르디스탄에서 절대로 성공할 수 없기 때문이다. 게다가 우후죽순처럼 생겨난 언론들은 서구 사회의 소비

문화를 여과 없이 그대로 보여주고 있는데, 이는 그들의 현실과 너무나 거리가 먼 신기루일 뿐이다. 페시메르가에 속했던 민병 대원들이 갑자기 엄청난 부를 축적하는 것을 목격한 젊은 세대는 상당히 냉소적이고 개인주의적이며 기회주의적인 태도를 갖게 되었다. 이들은 자신들의 어깨를 짓누르는 전통에서 벗어나기를 원하고 있으며, 특히 여성들이 이를 더 절실하게 느끼고 있다. 그러나 자본을 축적한 사람들만이 기회를 얻어 외국으로 유학을 갈 수 있다.

쿠르드인들은 공무원이나 페시메르가 이외에 다른 일자리를 창출하는 것을 꺼리고 있다. 서비스 산업은 기독교인과 야지디인, 터키인, 아랍인, 투르크멘인이 도맡아 하는데, 특히 이들은 건설 현장에 많이 투입되고 있다. 쿠르드 정부 예산의 76%가 공무원의 봉급과 희생자 가족들을 위한 연금으로 쓰이고 있다. 비록 심각한 빈곤 문제는 식량 배급과 정부의 연금 정책으로 어느 정도 해소되긴 했지만, 빈부의 격차는 점점 더 심해지고 있다.

마지막으로 국무총리인 네치르반 바르자니의 노력으로 레제프 타이이프 에르도안Recep Tayyip Erdoğan이 이끄는 터키와의 관계가 상당한 수준으로 회복되었다. 이는 서로의 이해관계가 맞았기 때문인데, 특히 탄화수소(석유, 가스) 공급에 대한 무역 협정이 관계 회복의 시발점을 마련했다. 관계 회복을 위해서 쿠르드는 자치구역 내의 쿠르디스탄노동자당의 활동을 금지시켰으며, 반대로 터키는 터키와 쿠르디스탄이 국경을 공유하고 있는 지역의 특수성을 인정하게 되었다. 따라서 이라크의 쿠르드인들은 두 교전국 사이의 중재자 역할을 하게 된 것이다.

미국은 쿠르드와 터키의 화해로 이란에 대한 그들의 강경한 입장을 어느 정도 완화시켰지만, 이란이 이라크 시아파에 지속적으로 정치적 영향을 미치고 있는 사실에 대해서 계속 우려하고 있다.

3장

오늘: 화약고의 중심

지하드 부활에 대한 사우디아라비아의 책임

현재 엄청난 혼란을 겪고 있는 중동 지역 문제의 원인을 파악하기 위해서는 사우디아라비아가 혼란의 중심에 있다는 사실을 우선 분명히 알아야 한다. 역사를 거슬러 올라갈 필요도 없이 첫 번째 석유 파동(1973~1974) 이후 서아프리카에서 인도네시아에 이르는 지역에 거주하는 무슬림들의 극보수화와 호전적 이슬람화를 계속 뒤에서 조종했던 나라가 바로 사우디아라비아이다. 나는 1977년 코트디부아르의 부아케Bouaké에서 영상 촬영 도중에 이에 대한 증거를 우연히 발견하게 되었다. 마드라사Madrasah(이슬람 학교)의 초등학교 남자 교실에 초록색과 아랍어로 이슬람 분포도가 표시된 세계 지도가 걸려 있었다. 그리고 지리를 가르치는 교사는 사우디아라비아가 2년 동안 장학금을 지원해서 학업을 마칠 수 있었다고 나에게 이야기해주었는데, 이는 놀라운 사실이 아닐 수 없었다. 지리 교사는 이집트의 명문대인 알 아즈하르Al-Azhar 대학교를 다녔는데, 이 대학교의 역사와 지리학 교수들은 전 세계에서 대두되는 이슬람의 정치적 중요성과 우월성을 강조하고 있다.

석유 파동으로 석유 가격이 네 배 이상으로 오르자 수니파에 속하고 메카 성지를 소유하고 있었던 사우디아라비아는 즉시 이슬람 설교자들을 전 세계로 내보내고, 이슬람 사원들을 건설하면서 무슬림 사회를 와하비즘화[1]하기 위한 작전을 개시했다. 석유 파동이 나기 이전에 미국과 입장을 같이했던 사우디아라비아는 나세르가 주창했던 범아랍주의에 맹렬하게 반대했으며, 예멘과 나머지 중동 지역에 대해서도 적대적인 태도를 취했다. 사우디 아라비아가 추구했던 보수적 정책은 미국의 정책과 거의 일치했으며, 미국은 이를 통해 무슬림 국가에서 퍼져나가고 있었던 공산주의에 대항하는 동맹국(미국의 석유 전략에 순종한다)을 확보할 수 있었다.

사우디아라비아 정권에 대한 도전은 이란의 테헤란에서 시작되었다. 널리 알려져 있듯이 수니파와 시아파 사이의 갈등은 오랜 역사가 있다. 이들의 갈등은 마호메트가 죽은 바로 다음 날 계승자 문제로 시작되었기 때문이다. 하지만 현재 문제가 되고 있는 중동 지역의 갈등을 촉발시킨 사건은 1979년 이란에서 일어났던 호메이니 혁명이었다. 이 혁명으로 이슬람주의가 다시 부활하게 된 것이다.

중동 지역에서 나세르주의가 실패하고, 곧이어 아랍의 여러 사회주의 정권이 붕괴하자, 기존 정권에 가장 급진적으로 저항했던 저항 세력이 그 이후부터 이슬람이라는 이름으로 지칭되기 시

---

1 무함마드 이븐 압드 알 와하브(Muhammed ibn Abd al Wahhab)가 18세기에 세운 이슬람 근본주의이다. 사우디 왕조는 와하비즘 추종자이며 카타르도 이에 속한다.

작했다. 아무튼 이 저항 세력은 문제 해결사가 아니라 선동가임이 틀림없었다.

사우디아라비아는 갑자기 태도를 바꿔 시아파 지도자들과 점점 증가하는 페르시아인들에 대해서 적대감을 표시하기 시작했으며, 스스로를 미국 제국주의에 대항하는 무슬림 세계의 지도자로 자처하고 나섰다. 게다가 물라Mulla(이슬람교의 법과 교리에 정통한 사람)가 통치하는 사우디 정권은 수니파들의 지지를 얻기 위해서 의도적으로 반시온주의 정책을 취했다. 이 와중에 이란은 소비에트 연방의 지지를 거부하면서 이라크와 벌였던 걸프전(1980~1988)으로 인해서 완전히 고립되었다.

1979년 말 사우디아라비아는 아프가니스탄에 대한 소비에트 연방의 개입에 반대하면서 파키스탄과 미국의 도움을 받아 아프간 병사들을 돕는 수니파 지하드를 조직하게 되었다. 한편 미국은 아프가니스탄 내부의 다양한 저항 단체들 가운데 굴부딘 헤크마티아르Gulbuddin Hekmatyar가 이끄는 가장 급진적인 단체를 지원하기로 결정했다. 이 단체는 오사마 빈라덴이 그랬던 것처럼 소비에트 연방과의 갈등이 종결되자 미국에 등을 돌려버렸다.

이렇게 최초의 지하디스트 테러는 시작되었다. 1993년 뉴욕의 세계무역센터 테러(사망자 17명), 이어서 1995년과 1996년에 사우디아라비아의 리야드Riyadh와 코바르Khobar에서 일어났던 테러(사망자 24명), 1998년 나이로비와 다르에스살람Dar es Salaam(동아프리카)의 미국 대사관에서 있었던 엄청난 규모의 테러, 2000년 예멘의 아덴Aden항에 정박한 USS콜 함대 테러와 2001년 9·11 테러 등이 이에 속한다.

전 세계를 놀라게 했던 뉴욕 테러 사건은 간접적으로 미국에서 신보수주의자들의 입지를 강화시키는 결과를 초래했다. 이들을 대표하는 인물은 폴 월포위츠Paul Wolfowitz와 그와 행보를 같이 했던 딕 체니Dich Cheney 부통령이었다. 아프가니스탄에 대한 보복 작전은 정치적, 외교적 그리고 심리학적으로 '대중동의 재구성'을 목적으로 하는 신보수주의자들의 거대한 전략의 서곡으로 시작되었다. 이미 앞에서 살펴보았듯이 이 작전은 '미완성의 전쟁'을 끝내기 위한 것이었으며, '대량 살상 무기'를 보유하고 있는 독재자를 처단하고, 이스라엘의 짐을 덜어주기 위해서 시리아 정권이 하마스와 헤즈볼라를 지원하는 것을 막으려는 것이었다. 이를 통해 미국의 신보수주의자들은 그들의 핵심 적국인 이란에 힘을 집중해 이란 정권을 붕괴시키고자 했다. 하지만 이 작전은 완전한 실패로 끝나고 말았다.

이라크 전쟁을 통해서 미국은 전쟁 준비가 전혀 되어 있지 않은 상태였음이 명백하게 드러났다. 점령 후 점령 지역의 통치를 효과적으로 수행할 군대가 절대적으로 부족했으며, 정보도 충분히 수집하지 못한 상태였고, 또한 미국은 이라크 병사들에게 보수도 제대로 지급하지 않고 고향으로 돌려보내는 과오를 저질렀다. 그리고 아마드 찰라비가 이끄는 위원회는 바트당 당원들을 지위와 상관없이 무조건 제거했는데, 찰라비는 성향이 분명하지 않았던 시아파 출신으로 미국 정권의 신임을 얻었던 사람이었다.

이 와중에 2002년부터 이라크 내에 거주하던 이란인들이 활발한 활동을 시작했으며 자신들의 세력 확장을 위한 준비 작업에 들어갔다. 미국의 위임 통치자인 폴 브레머는 수니파 제거 이외의 다른 사안에 전혀 관심을 가지지 않았는데, 문제는 수니파 전부가 사담 후세인을 숭배하는 사회 하층은 아니었다는 점이다.

2004년부터 팔루자Fallujah에서 수니파 저항군과의 피비린내 나는 충돌이 일어나기 시작했는데, 이 전투에 이란에서 조직된 시아파 민병대들도 참가했다. 이라크 내의 질서를 바로잡지도 못하고 전기 공급 문제도 해결하지 못하고 있던 미국은 같은 해에 아부그라이브Abu Ghraib 교도소 가혹 행위 사건 때문에 곤욕을 치르게 되었다. 이라크 죄수들을 성적으로 학대하는 사진들이 공개되었던 것이다. 이 사건으로 인해서 미국은 무슬림 세계와의 심리전에서 완전히 패배하고 말았다. 이러한 불미스러운 현실 앞에서 어떻게 민주주의에 대해 떠들어댈 수 있단 말인가?

사담 후세인 정권하에서 전혀 이라크에 발을 들여놓지 않았던 알카에다는 아부 무사브 알 자르카위Abu Musab al-Zarqawi를 선봉으로 마침내 이라크 땅에 발을 들여놓게 되었다. 알 자르카위는 알카에다 조직의 2인자였던 아이만 알 자와히리Ayman al-Zawahiri에 의해 이라크 책임자로 임명받은 사람이었으며, 이라크의 혼란이 점점 더 가중되는 가운데 수니파와 시아파의 갈등을 전략적으로 더 부채질했다.

곧이어 아프가니스탄 전쟁은 2005~2006년에 탈레반의 부흥과 함께 새로운 갈등의 불씨가 되었는데, 그 당시 아프가니스탄 전쟁은 이미 종결되었다고 간주되었으며 어쨌든 별 중요한 의미를 가지고 있지 않았다. 미국은 이라크 전쟁의 또 다른 희생자인 아프가니스탄에 탈레반이 등장하자 함정에 빠지고 말았는데, 이는 미국이 파키스탄을 경제적으로 지원하는 동안 파키스탄 군대의 특수요원들(파키스탄 정보부)이 불법적으로 탈레반에게 물자를 보급했기 때문이다.

2007년에 이라크 상황은 점차 호전되기는 했지만, 미국의 데이비드 퍼트레이어스 사령관이 수니파 문제를 알카에다 청산 문제와 결부시키고, 누리 알 말리키가 바그다드의 총리가 됨으로써 수니파와 시아파 사이의 화해는 조금도 진전되지 않았으며, 오히려 갈등이 더 깊어지게 되었다. 2007년에 실시된 선거의 투표 결과는 각 종파가 결국 자기 종파만을 지지하고 있다는 사실을 확인시켜주었다. 쿠르드와 시아파 그리고 수니파는(투표가 허용된 경우) 모두 자신의 종파에게만 표를 던졌다.

누리 알 말리키는 통치 기간에 그의 권력(내무, 국방, 경찰정치 등)을 최대한으로 확장하는 데 집중했으며, 특히 수니파를 제거하는 문제에 집중적으로 매달렸다. 그때까지 이란의 지원을 받고 있었던 시아파 민병대들은 알 말리키 권력이 허술한 틈을 타서 일반 군대와는 별도로 조직을 증강시켰다. 하지만 수니파 반란군들은 결코 항복하지 않았으며 그들의 테러는 계속되었다.

미국은 만여 명의 군인들을 계속 이라크에 주둔시키기 원했으나 이라크 지도자들은 이를 거부했는데, 이는 아마도 테헤란의 지시 때문이었던 것 같다. 이유가 무엇이었든 간에 2011년 미국이 이라크 땅을 떠나자마자 누리 알 말리키는 수니파 부통령을 체포하라는 명령을 내렸으며, 부통령은 쿠르드에 망명했다가 터키로 도주했다.

시리아 전쟁과 IS의 출현

이라크도 다른 중동 지역과 마찬가지로 '아랍의 봄' 혁명의 물결에 영향을 받았다. 바그다드 정부가 시리아 저항 세력과 전쟁을 시작한 바샤르 알 아사드Bashar al-Assad 정부를 지지하는 동안, 이라크 수니파 반란군들은 시리아 동부에서 작전을 펼치면서 락까 Raqqah 점령에 집중했다. 이라크 반란군의 저항도 끈질기게 계속되었지만, 터키와 국경을 접하고 있는 시리아는 이라크 반란군에 은밀히 물자를 공급하고 경제적 원조를 제공했다. 더불어 이라크 반란군은 새로운 지원병으로 계속 충원되었다.

2013년 알카에다 분파인 알 누스라 전선Jabhat al-Nusra과 결별한 이라크 저항 세력의 지도자 아부 바크르 알 바그다디가 새로운 조직을 형성했는데, 이 조직이 바로 '이라크와 레반트 지역의 이슬람국가'(또는 다에시Daech/Daesh)이다. 누리 알 말리키가 몇 년 동안 진행해왔던 분파 제거 정책이 결국 부패로 썩어 들어간 군대의 붕괴를 자초한 것이다. 반면 IS는 이미 몇 년 전부터 이라크 정권을 상대로 전투를 벌여왔던 수니파 단체들을 규합하는 데 성공했다.

쿠르드 행정부가 사태의 심각성에 대해서 끊임없이 누리 알 말리키와 미국에 보고했음에도 불구하고, 2014년 6월 10일 이라크 북부 지역의 모술에서 IS 병사 수천 명은 예상을 뒤엎고 그들보다 훨씬 숫자가 많은 시아파 병사들을 몰아내고 말았다. 시아파 병사들은 전투할 의지도 보여주지 않았다. 예상치 못했던 승리로 IS는 엄청난 무기와 자금을 손에 넣게 되었다. 이리하여 6월 29일 이라크 전 정권인 수니파 바트당의 성향을 계승한 IS가 선포되었으며, 그들은 스스로를 칼리파 국가로 규정했다.

이라크 제2의 도시 모술을 향한 IS의 기습과 곧 이은 모술 점령은 지하디스트(또는 지하디스트가 되기 원하는) 전투원들에게 엄청난 충격을 안겨주었으며, 이로 인해서 이들은 승리가 바로 눈앞에 있다고 믿게 되었다. 이 시점부터 IS는 공포를 극대화하는 테러 정치를 펼치기 시작했다. 그들은 통신 수단을 효과적으로 이용해서 공격을 가하기 전에 침공 지역에 미리 공포 분위기를 조성해 적군을 무력화하는 전략을 펼쳤다.

시아파 군대가 철수하기 전인 7월에 쿠르드는 그들이 요구하던 영토 중 핵심 부분인 키르쿠크를 탈환했다. 키르쿠크는 바그다드 중앙정부와의 갈등의 원인이 되었던 지역이며, 마찬가지로 터키와의 갈등의 원인이 되었던 곳이기도 했다. 쿠르드에게 누리 알 말리키 군대의 철수는 신의 은총과 다름이 없었다. 무스타파 바르자니가 패배한 이후 그들이 제일 먼저 탈환하기 원했던 도시가 그들의 손에 저절로 떨어지게 된 것이다!

미국의 무기로 무장하고 오랫동안 훈련을 받았던 이라크 군대는 그들이 점령하고 있었던 수니파 지역에서 며칠 만에 쫓겨나고 말았다. 이는 1975년 베트남 전쟁에서 우세한 전력을 보유하고 있었던 사이공 군대가 북베트남의 침입으로 몇 주 만에 무너진 경우와 비슷하다. 군대에서 중요한 것은 무기보다는 전투에 임하는 자세라는 사실이 두 경우를 통해 증명된다. 바로 그것이다. 남베트남은 사이공 정권을 위해 죽을 각오가 되어 있지 않았던가? 반면 이라크 군대의 일반 병사들은 자신들과 달리 사치스러운 생활을 누리던 장교들에 대한 불만으로 가득 차 있었다.

곧이어 IS는 바그다드로 진격할 것처럼 보였고, IS와 우호적인 관계를 유지하고 있었던 쿠르드민주당은 IS를 위협적인 상대로 생각하지 않았다. 하지만 IS는 예상을 뒤엎고 준비가 전혀 되어 있지 않았던 페시메르가를 공격했으며, 페시메르가는 야지디인들을 방치한 채 신자르로부터 후퇴할 수밖에 없었다. 더 문제가 되었던 것은 페시메르가 민병대가 마크무르Makhmur와 지웨르Gwer에서도 패배했다는 사실이다. 터키는 이 같은 상황에 전혀 개입하지 않았다. 사실 페시메르가 민병대는 몇 년 동안 쿠르드 정권의 주요 관리 대상이 아니었다. 페시메르가의 훈련이나 무기 공급, 명령 체계는 한 번도 제대로 논의된 적이 없었다.

5~6년 전부터 석유와 가스를 통한 수입의 증가로 부를 축적하게 된 쿠르드의 지도자들은 '두바이 신드롬'에 젖어 있었다. IS의 급습으로 혼란이 일어나자 쿠르드 정치인들은 그제야 군대가 견제력의 원천인 동시에 생존의 기반이라는 사실을 상기하게 되었다.

이와 반대로 이란의 이슬람 혁명 수비군인 쿠드스군과 쿠르디스탄노동자당 소속 전투원들은 IS에 계속 저항했다. 하지만 IS의 진격을 저지한 것은 외부에서 투입된 군대였다. 8월 8일 미국 공군은 IS 때문에 공포에 휩싸여 있었던 쿠르드 자치구역의 수도 아르빌을 함락되기 몇 시간 전에 간신히 방어하는 데 성공했다. 곧이어 페시메르가 민병대가 전열을 재정비하고 연합국 공군의 도움으로 주마르와 신자르를 다시 탈환하자, 쿠르드 행정부는 '6개월 안에' 국가적 차원의 군대를 조직한다는 현실성 없는 계획을 세웠다.

 IS와의 전쟁은 소모전이나 다름없었다. 이는 IS에 대한 반격이 대부분 폭격으로 이루어졌기 때문이다. 지상군 등을 동원하는 것은 불가능했는데, 왜냐하면 군대의 이동에 드는 비용이 엄청났기 때문이었다. 공격은 안개 낀 날이나 한밤중에 또는 예기치 못한 시간을 틈탄 폭력으로 이루어졌는데, 이는 폭격으로 최대한 많은 피해를 가하는 동시에 적군을 동요시키고 긴장하게 하기 위한 작전이었다.

 오늘날 IS가 점령하고 있는 지역은 수니파에 속하는 이라크지역과, IS의 진원지 락까를 포함한 시리아 일부 지역이다.

 카타르처럼 무슬림형제단과 하마스를 우선적으로 지원하고있었던 터키는 그들 나름의 계획을 가지고 있었다. 그들의 우선적 관심사는 시리아의 바샤르 알 아사드 정권을 무너뜨리는 것이었으며, 비행 금지 구역을 설정하는 것이었다. 이를 통해 터키가지지하는 다양한 성향을 지닌 단체들의 활동이 보장되기를 원했으며, 시리아 쿠르디스탄 지역인 로자바Rojava 문제가 더 미궁에빠지기를 원했다. 지역적 문제가 갈등의 핵심이긴 했지만, 미국과 그의 연맹국을 한 축으로 하고 러시아와 다른 국가들을 한 축으로 하는 국제적 갈등 문제가 얽혀 있었다.

 시리아의 생존을 가능하게 했던 화학 무기를 파괴해야 한다고 주장한 나라는 러시아였다. 그런데 과연 바샤르 알 아사드 정권이 화학 무기를 사용한 유일한 정권이었을까? 시리아가 화학 무기를 사용할 경우 시리아 문제에 개입하겠다고 선언했던 미국의 개입을 유도하기 위해서 터키 정보국이 시리아 조직을 이용했다고 주장하는 사람들도 있다.

IS의 갑작스러운 등장으로 충격에 휩싸여 있던 쿠르드에 시리아에서 발생한 사건들, 그리고 자신들이 터키 국경에 인접해 있다는 사실은 중요한 영향을 미쳤다.

시아파와 수니파 사이 갈등의 중요성은 시간이 지나도 전혀 줄어들 기미를 보이지 않고 있다.[2] 하지만 IS로 상징되는 수니파 지하디즘의 확장이 오늘날 갈등의 핵심으로 부상하고 있다. 미국은 이들을 저지하기 위해서 뚜렷한 전략도 없이 잡다한 단체로 뒤섞인 연합군을 구성하려고 계속 노력하고 있다. 워싱턴은 아르빌을 방어하기 위한 작전을 펼쳤으며, 또한 예상을 뒤엎으면서 시리아 쿠르드인들이 감금되어 있는 코바니에 폭격을 가하기도 했다. 이 와중에 터키는 코바니에 있는 쿠르드인들이 패배하기를 바랐다. 레제프 타이이프 에르도안 터키 대통령의 망설임에도 불구하고 워싱턴은 150명의 페시메르가 민병대가 터키를 통

---

2 이라크 내 종파 간 갈등의 근원은 수니파에 대한 억압 때문이 아니라 역사를 더 이상 거슬러 올라갈 필요도 없이 이라크 국가가 설립된 후 시아파에 가해진 억압 때문이다.

과해서 그들의 동료들이 포로로 잡혀 있는 곳에 무기와 탄약들을 공급하는 작전을 펼치기도 했다. 페시메르가 민병대들은 통행 허가를 받기 위해서 일주일이나 기다려야 했으며, 미국의 압력으로 마침내 국경을 통과할 수 있었다. 반면 터키는 계속해서 포로들이 굴복하기만을 바랐다. 미국과 터키 모두 나토 회원국이었음에도 불구하고 이들은 계속 모순적으로 행동했는데, 예를 들면 앙카라는 미군의 인지를릭Incirlik 공군 기지 사용을 불허했다. 반면에 워싱턴이 이란을 그 지역의 협조자로 다시 끌어들이기 위해서 취한 이란 핵 문제에 대한 정책은 이스라엘뿐만 아니라 미국 내 공화당원들[3]의 반감을 사게 되었다.

미국은 이 지역의 상당히 복잡한 상황 속에서 구체적 전략도 없이 계속 중개자 역할을 자처했다. 미국은 이란과 협상을 시작하긴 했지만, 그렇다고 해서 사우디아라비아와의 공조를 파기한 것은 아니었다. 미국과 사우디아라비아는 이란을 완전히 굴복시키거나 아니면 이란의 입장을 완화시키기 위해서 석유 배럴당 가격을 낮게 동결하는 전략을 계속 추진했다. 이는 우크라이나 보고서에서 드러난 러시아의 횡포에 대한 보복이기도 했다.

쿠르드가 차지하고 있었던 북부 지역인 로자바를 제외한 시

---

3   공화당원들은 민주당 정권이 이란과 맺은 협정은 만약 다음 대통령 선거에서 공화
     당이 승리할 경우 무효가 될 것이라고 서슴지 않고 공표했다.

리아 문제는 미국이 작성한 보고서에 빠져 있는데, 다만 다음의
몇 가지 사항들만 포함되어 있다.

- 시리아의 10% 이하에 해당하는 소수민족을 대변하는 바샤르 알
아사드 정권은 지하디스트를 강화시키고 다른 단체들을 약화시키
고자 기존의 갈등을 종교화하는 전략을 통해서 권력을 잡을 수 있
었다. 알 아사드 정권은 이란, 러시아, 레바논의 헤즈볼라, 바그다
드 정권의 도움을 받았으며, 알 아사드 정권이 붕괴될 경우 절대로
살아남지 못할 것이라고 두려워했던 알라위파의 지지와, 이슬람주
의자들이 정권을 잡을 경우 가혹한 억압에 시달릴 것이라고 믿었
던 다양한 소수민족의 지지를 이용했다.
- 서구 국가들이 중도적이며, 심지어 민주적이라고 생각했던 자유
시리아군과 같은 단체들은 절대로 지하디스트의 부상을 저지할 수
있는 세력이 아니다. 지하디스트들은 알카에다 분파 조직인 알 누
스라 전선, 칼리파 국가를 선언한 이라크와 레반트의 IS, 또는 사우
디아라비아의 공식적 지원을 받고 있는 이슬람 전선 등이다. 자유
시리아군은 2013년 12월부터 전쟁 무기 공급도 받지 못하고 있다.
- 시리아는 현재 다중적 갈등을 확산시키고 있다. 내부적으로 시
리아 인구의 대다수는 수니파(적어도 3분의 2)에 속하지만 지하디
스트 운동의 확장으로 인해서 이러한 인구 구성이 복잡한 양상으
로 변하고 있다.

• 이란은 시리아에 대한 그의 직접적이고 간접적인 지지(레바논 헤즈볼라, 바그다드) 때문에 상당히 주요한 시리아 문제에서 매우 중요한 역할을 하고 있다.

• 사우디아라비아와 쿠웨이트를 포함한 걸프 지역 동맹국들은 지하디스트 운동을 계속 지원하고 있다. 이는 '사적 자금'을 통해 또는 공식적인 경로를 통해 이뤄지고 있다.

• 민주주의적 시리아 정권 저항 세력들(민주주의적이라고 가정하자)은 어떤 식으로든 서구의 도움을 받고 있긴 하지만, 이들은 세력이 매우 약할 뿐만 아니라 별 영향력을 발휘하지도 못하고 있다.

• 다양한 이슬람주의 정당들이 패권을 다투는 가운데 이슬람주의는 초반부터 저항 세력의 핵심으로 부상했다.

• 이라크에서 전투를 벌이고 있는 IS는 그들의 진원지인 락까와 시리아를 그들의 성지로 여기고 있다. 따라서 두 지역 중 한 지역만 공격한다는 것은 불가능하다. 시리아의 수니파 지역 일부와 이라크 수니파 지역 전체를 통제하고 있는 IS는 지하디즘을 뿌리내리는 데 성공했다. 하지만 시리아의 다른 단체들은 이러한 IS의 전략에 동의하지 않고 있다. 예를 들어 알 누스라 전선은 시리아 서부 지역의 도시 중심을 장악하긴 했지만, 시리아 정권은 그 도시의 행정을 계속 통제하고 있다.

• 서로 완전히 반대되는 전략을 취하고 있는 무슬림 국가들은 시리아 문제에 계속 관심을 가지고 있다. 터키는 알라위파 정권의 붕괴

와 로자바에 거주하는 쿠르드인들이 소멸되기를 원하고 있는데, 이는 무슬림형제단(사우디아라비아와 전투를 벌이고 있는)을 지지하는 수니파 국가로서 그의 우월성을 굳히기 위한 것이다. 카타르는 터키의 부차적인 동맹국(아마도 경제적으로)일 뿐이다.

• 터키 국경은 지하드 전쟁에 참가하기 원하는 모든 이슬람주의자에게 활짝 열려 있다.

미국 부통령 조 바이든Joe Biden이 이 보고서를 공개하자, 레제프 타이이프 에르도안 터키 대통령은 즉각 미국의 사과를 요구했다. 그는 터키가 무기 소지자를 통과시킨 적이 절대 없으며 터키를 통과하는 사람들은 오로지 관광객들뿐이라고 역설했다. 즉, 페시메르가 민병대원들이 코바니에 있는 쿠르드인들에게 무기와 탄약들을 배달하기 위해서 터키 영토를 통과하는 것은 절대로 불가능하다는 것이다. 결국 터키 대통령은 개인적으로 볼 때 IS와 쿠르디스탄노동자당 사이에 아무런 차이점이 없다는 사실을 강조했다.

하지만 IS에 대한 그의 판단은 보고서 내용과 전혀 일치하지 않는다.

레제프 타이이프 에르도안은 쿠르드인들의 지지 덕분에 내부적으로 그가 원했던 정책을 통과시킬 수 있었는데, 이는 헌법 수정과 대통령 권한 확장에 관한 것이었다. 곧이어 에르도안은 정부 기구에서 활동하던 펫홀라흐 귈렌Fethullah Gülen 지지자들을 은밀하게 색출하는 데 몰두하기 시작했다.

레제프 타이이프 에르도안이 이끄는 정의개발당AKP은 점차적으로 터키의 재이슬람화를 강조하기 시작했으며, 이를 통해서 터키는 수니파의 선봉장으로 자처하고, 2008년부터 우호적인 관계를 맺어왔던 이스라엘과 교류를 단절했다. 그 이후에 터키는 이집트에서 억압받고 있었던 무슬림형제단과 하마스를 지지하기 시작했다. 터키는 비록 나토 회원국이기는 하지만, 미국의 인지를릭 공군기지 사용을 거부하고 있다.

터키가 무슬림형제단을 지지하기 시작하자 압둘팟타흐 엘시시Abdel Fattah el-Sisi 장군이 이끄는 이집트와의 관계는 소원해졌고, 이러한 적대 관계는 수니파의 선봉장이 되려는 터키의 계획에 부정적인 영향을 미쳤다. 이 와중에 자국 내의 인권 침해 문제로 계속 비판을 받아왔던 사우디아라비아가 지난 35년 동안 지하디스트들을 경제적으로 후원했던 핵심 세력이라는 사실이 밝혀졌다. 우리는 9·11 테러 사건에 대한 보고서에서 테러 주동자들과 사우디아라비아의 관계에 대한 28페이지에 이르는 보고가 삭제되었다는 사실을 상기해야 한다. 9·11 테러 사건이 있었던 그다음 날 워싱턴 주재 사우디아라비아 대사관은 미국에 예치되어 있던 자금을 본국으로 송환하지 않았던가. 테러 주동자들과 사우디아라비아의 관계가 정확하게 밝혀지진 않았지만 관련성이 있다는 사실은 부인할 수 없다.

쿠웨이트를 포함한 걸프 지역 여러 국가들의 지지를 바탕으로 사우디아라비아는 개인 자본이나 다른 자본을 통해서 이슬람주의 운동 단체들을 조직적으로 후원하고 있다. 하지만 파키스탄의 탈레반처럼 이러한 운동 단체들이 지나치게 급진화되어 사우디아라비아에 오히려 해를 끼치는 경우가 발생하기도 한다.

2008년 이후부터 서구가 더 이상 세계 질서의 패권을 차지하고 있지 않다는 사실이 명확해지면서, 유럽과 미국은 그들의 연맹국이라고 믿어왔던 국가들이 10년 전부터 미국과 유럽의 이익에 저촉되는 전략을 은밀하게 진행하고 있다는 사실을 깨닫게 되었다. 미국과 유럽의 중재에 이중적인 태도를 보였던 파키스탄이 그 첫 예이다. 파키스탄 정보국의 이중적 성격은 2011년 아보타바드Abbottabad에 은신하고 있었던 오사마 빈라덴 제거 작전을 통해서 명백해졌다.

마지막으로 지역적·국가적·국제적 차원에서 치러지고 있는 이 전쟁에서 이란이 상당히 중요한 역할을 하고 있다는 사실을 절대 간과해서는 안 된다. 석유 배럴 가격의 갑작스러운 하락(사우디아라비아가 주도했다)으로 엄청난 타격을 입으면서 서구의 고립 정책에 의해 충격을 받았던 이란은 전면적인 보복전에 뛰어들었다. 이란은 그 지역의 동조 세력과 함께, 그리고 때때로 단독으로 예멘과 이라크, 바그다드뿐만 아니라 키르쿠크, 시리아와 레바논도 공격했다.

이란이 미치는 직간접적인 영향은 중요한 의미를 지닌다. 이란은 상당히 능란한 외교력을 통해 자신의 입지를 계속 강화하고 있으며, 필요한 경우 이슬람 혁명 수비군인 쿠드스군과 이란에서 형성된 시아파 민병대의 도움을 받고 있다. 사우디아라비아는 걸프 연맹국과 그 밖의 수니파 국가들의 도움으로 예멘에서 활동하는 이란 지지자들의 확장을 군사적으로 저지하는 데 성공했다.

이라크에서 IS의 확장을 저지하는 것은 미국과 연합국의 폭격이긴 하지만, 시아파와 쿠르드 전투원들도 한몫을 하고 있다. 이란이 재조직한 시아파 군대와 민병대들은 사담 후세인의 고향인 티크리트Tikrit를 거의 탈환했다. 하지만 시아파 군대가 수니파 마을을 점령하는 문제는 군사적 전략 이외에 정치적 혼돈을 야기할 소지가 분명히 있다. 시아파가 이 지역에서 저질렀던 만행 때문에 이 지역에서 시아파를 적대시하는 것은 당연하다고 보아야 한다. 티크리트 주민들에게 IS와 시아파 중 하나를 선택하는 문제는 페스트와 콜레라 중 하나를 선택하는 문제와 다를 바 없었다. 시아파가 도시로 진군하자 얼마나 많은 주민들이 도주했는가. 이는 러시아 군대를 투입해서 폴란드를 해방시키는 것과 다름없었다.

시아파 군대를 이용해서 모술을 함락한다는 계획은 분열된 이라크를 다시 통일시키고자 하는 정치적 가능성보다는 선전효과를 누렸던 것 같다. 쿠르드는 지원 병력이 부재했던 티크리트 동쪽 강변 지역을 침공해달라는 요청을 받았지만 협조하기를 주저했다. 이는 1000킬로미터에 이르는 국경에 투입된 병력 때문에 잉여 병력이 없었기 때문이었다.

어쨌든 그 누구도 시아파의 진격을 달갑게 생각하지 않았다. 몇 년 동안 시아파의 지배 아래서 고통을 겪었던 수니파 지역을 다시 탈환하는 것은 시아파 군대에 거의 실현 불가능한 일이었다. 더욱 문제가 되었던 것은 광신적 집단에 속하는 시아파 민병대들이 여기저기에 절대로 치유할 수 없는 상처를 남겼다는 사실이다.

아랍 지역 문세는 상당히 복잡하며, 이 지역에서 쿠르드인들은 환영받지 못하는 존재라는 사실은 확실하다. 과연 IS의 폭력성과 급진적 근본주의는 이미 존재했던 다양한 수니파 군사 단체들의 발현에 불과한가? 그렇다면 샤마르Shammar족, 주부르Jubur족, 레브Lheb족과 같은 수니파 부족들이 IS에 적대적인 태도를 취하는 이유는 무엇인가?

신자르와 주마르에 주둔하던 페시메르가 민병대는 공군의 도움을 받고 모든 수단과 방법을 동원해 IS가 점령하던 지역을 탈환하는 데 성공했으며, 멀지 않은 곳에 쿠르디스탄노동자당의 군대가 주둔하게 되었다.

한편 쿠르드는 내부적으로 통합보다는 계속 분열되는 양상을 보여주고 있다. 한편으로 쿠르드애국동맹과 이란의 도움을 받는 쿠르드애국동맹의 군대가 있으며, 다른 한편으로 터키와 협력할 수밖에 없었던 쿠르드민주당이 계속 대치하고 있다. 하지만 터키는 아르빌이 IS에게 포위당했을 때 아무런 조치를 취하지 않았다. 마지막으로 이라크(칸딜, 신자르)에서 활동하고 있는 쿠르디스탄노동자당과 그의 지도자는 터키 정권과 휴전을 맺은 것처럼 보이지만, 이들의 관계는 본질적으로 불안정하다고 보아야 한다.

이라크 쿠르디스탄의 상황은 난민의 유입 때문에 매우 복잡해졌다. 난민 수에 대한 정확한 추측은 불가능하지만 이라크 쿠르디스탄의 인구가 500만 명을 넘지 못하기 때문에 난민 수는 150만 명 정도로 추정된다. 난민 수에 상관없이 이들의 과도한 유입으로 인해서 쿠르드 전체 인구 균형이 깨지고 있다.

이라크 쿠르드 국경은 길이가 상당히 길고 중화기가 부족한 데도 불구하고 상당히 안정적으로 통제되고 있었다.[4] 하지만 이 지역은 IS가 설치한 지뢰 때문에 큰 피해를 입었다. 페시메르가는 군사적으로 IS보다 열세했지만, IS 전투원들이 경험이 없었던 청년들이었던 반면 페시메르가는 노련한 병사들을 보유하고 있었다.[5]

---

4   페시메르가 민병대는 대략 15만 명 정도로 추정된다.

IS 군대는 전투원을 상실할 때마다 새로운 지원병으로 신속히 충원했는데, 이들 중 대부분은 세련된 미디어를 통해 확산되는 프로파간다에 매료된 청년들이다(IS는 일반적으로 미디어 세대라고 불리는 신세대들의 성향에 부응하고 있다).

누리 알 말리키 집권 당시 이라크 쿠르드와 바그다드 사이의 관계는 상당히 악화되었지만, 알 말리키가 자리에서 물러나자 둘 사이의 관계는 다시 호전되었다.

새로운 국무총리인 하이다르 압바디는 두 진영 사이의 문제를 바로잡기 위한 노력을 기울였다. 2014년 12월 2일 양 진영 사이에 조약이 체결되었던, 이 조약은 그때까지 쿠르드에 대한 경제적 지원을 중단했던 바그다드가 헌법의 규정대로 국가 예산의 17%에 해당하는 금액[6]을 쿠르드에 지급하겠다는 내용을 담고 있다. 이 조약으로 인해 바그다드는 쿠르드 지역에 지급해야 했던 수천만 달러에 해당하는 예산을 점차적으로 지원했으며, 또한 이라크 정부는 페시메르가 봉급의 50%도 지급하게 되었다. 이에 대한 대가로 쿠르디스탄 지역 정부는 바그다드에 2015년 1월 1일부터 키르쿠크에서 생산되는 석유를 하루에 30만 배럴씩 공급

---

5   이 같은 사실은 마크무르와 지웨르 지역에서 확인되었다.

6   유엔의 '식량을 위한 석유' 프로그램은 쿠웨이트에 대한 보상금이 지급되면 석유 생산의 13%를 쿠르드의 세 행정 구역에 분배할 것을 보장했다.

하기로 약속했다. 이 외에도 쿠르드는 터키의 제이한Ceyhan 항구를 통해서 하루에 석유 25만 배럴을 수출하도록 허가받았다. 이와 같은 협정은 과연 지켜질 것인가?

석유와 관련된 바그다드와 아르빌의 갈등은 2007년부터 시작되었으며, 2011년 아르빌 정권이 바그다드의 반대에도 불구하고 외국 석유 회사에 개발권을 허용하면서 악화되기 시작했다. 개발 사업에는 엑손모빌ExxonMobil, 쉐브론Chevron, 토탈Total, 가즈프롬Gazprom이 참가했다. 2010년 아르빌과 앙카라의 관계가 개선되자 도로가 건설되었으며, 이로 인해서 네 개의 거대 석유 회사들은 쿠르디스탄에 묻혀 있는 석유와 가스 개발에 참여할 수 있게 되었다. 배럴당 석유 가격이 낮았음에도 불구하고 이들은 개발을 통해서 충분한 이익을 남길 것이라고 전망했다.

하지만 하이다르 압바디는 얼마 지나지 않아서 수니파에 우세한 정책을 펼치기 시작했다. 압바디는 수니파 정치범들을 석방하고 수니파가 포함된 국가 수비대를 창설하기도 했다. 거의 10년 동안 지속된 쿠르드의 고난은 끝날 기미가 전혀 보이지 않고 있다.

지역의 안정

쿠르드인들에게 2014년 여름에 일어났던 사건(IS의 등장)은 상당한 충격이었다. 사태의 심각성에 비해, 그들이 가장 중요하게 생각하는 안전과 생존이 어느 정도 위협받고 있는지 깨닫는 데 오랜 시간이 걸렸다. 분명히 쿠르드인들은 10여 년 동안 평화를 유지해왔고 그중 반 정도는 석유 덕분에 부를 축적할 수 있었지만, 아무것도 보장된 것은 없었다. 모든 것이 불안정한 상태로 남아 있다.

게다가 이라크 쿠르디스탄은 비교적 풍요로운 생활을 누리고 있었던 쿠르드민주당과, 나우시르완 무스타파 아민이 이끄는 고란당의 위협으로 빠르게 세력이 축소되고 있었던 쿠르드애국동맹으로 여전히 나뉘어 있다. 그리고 남쪽의 이란과 북쪽의 터키와의 관계는 계속 얽혀 들어가고 있다. 쿠르디스탄에서 활동하는 터키 기업은 1000여 개가 넘으며 만여 명에 가까운 터키 노동자들이 북부 지역에서 생산 활동을 하고 있다. 그리고 석유 수출은 터키를 통해서만 가능하다. 남쪽의 이란은 쿠르드에 대한 경제적·정치적·군사적 지원을 바탕으로 키르쿠크까지 영향을 미치는 강력한 국가로 계속 남아 있다.

이라크의 쿠르드족에게 무엇보다도 시급한 것은 군대의 정상화인데, 이는 젊은 지원병의 충원뿐만 아니라 장교와 부사령관의 충원도 절실하게 요청되고 있다. 자문가들이 몇 번이나 군대 정상화 문제를 제기했음에도 불구하고 이 문제가 등한시되었다는 사실은 놀라움을 금치 못하게 한다.

이라크 쿠르디스탄은 적어도 경제적으로 터키의 속국으로 전락하지 않기 위해서 유일한 수입원인 석유를 관리하는 데 만족하고 있다. 그리고 많은 건설 공사가 외국인 노동자들에 의해서 실행되고 있다는 사실도 우려되는 요소들 중 하나이다. 외국인 노동자들은 걸프 지역의 외국인 노동자들과 마찬가지로 방글라데시와 타밀족, 인도에서 온 노동자들이다. 단순 노동을 전혀 천대하지 않는 터키에서는 이와 같은 현상을 전혀 발견할 수 없다. 게다가 공무원 과다로 지급해야 될 공무원 봉급에 대한 부담이 엄청 높은 편이다. 문화부는 거의 1만 6000명에 이르는 공무원을 채용했는데, 이들에게 보수를 지급하고 나면 문화부 예산은 거의 바닥나버리고 만다. 마지막으로 아랍인을 포함한 난민의 유입은 결정적으로 인구 균형을 파괴하는 결과를 초래했다.

쿠르드민주당의 쿠르드인들은 2년 동안 앞으로 닥칠 공격에 대응할 수 있는 군대를 재조직하고 재건할 수 있는 시간을 벌었다. 2014년 여름 누리 알 말리키의 군대가 붕괴되면서 페시메르가 민병대가 수비하고 있는 새 국경을 바그다드가 침공하지 않으리라는 보장은 없지 않은가. 만약 바그다드가 앞으로 다가올 미래에 키르쿠크에 대한 통치권을 요구할 경우 미국은 과연 바그다드를 지원할 것인가, 아니면 아르빌을 지원할 것인가? 만약 미국이 이라크 쿠르디스탄의 독립을 원하지 않는다면 아마도 미국은 바그다드를 지원할 것이다.

여론에 전혀 알려지지 않았던 시리아 쿠르드인들은 코바니에서 행했던 영웅적인 저항으로 세상에 알려지게 되었다. 대부분이 아랍계에 속하는 시리아 쿠르드인들은 시리아 인구의 10%에도 못 미치는 소수민족에 속하며 완전히 소외받고 있다. 하지만 바샤르 알 아사드는 자신의 정권이 무너질 경우 대량 학살을 당할 가능성이 있는 알라위파의 미래를 위해서 언젠가는 다른 소수민족에 대해서도 형평성 있는 정책을 펼쳐야만 하는 입장에 처해 있다. 터키의 경우 저항 세력을 잔인하게 진압하고 있는데, 이는 체첸 공화국에 대한 러시아의 탄압이나 타밀 호랑이(무장 반군 단체)에 대한 스리랑카의 폭력적 억압에 거의 맞먹는 수준이다.

로자바의 쿠르드인(시리아 쿠르디스탄)

시리아의 쿠르드인들은 제지라 평원의 도시(카미실리, 코바니, 아프린)에 일부 거주하고 있으며, 이들은 제지라 평원을 '칸톤'(주州)이라고 부르고 있다. 그리고 알레포와 다마스쿠스에도 상당히 많은 쿠르드인들이 거주하고 있다. 2012년 상반기에 민주연합당

PYD이 다른 모든 단체들을 제압하면서 이 지역에 대한 통제권을 장악했다. 이 정당은 쿠르디스탄노동자당과 우호관계를 맺고 있으며, 심지어 압둘라 오잘란의 사진을 여기저기에 걸어놓고 있다. 이들은 암묵적으로 바샤르 알 아사드 정권과의 충돌을 피하고 있는데, 이는 시리아 정권과 마찬가지로 다른 문제를 우선시하고 있기 때문이다.

분명한 것은 민주연합당이 쿠르드 단체이긴 하지만 칸톤 지역에 거주하는 비쿠르드 종파들과 협력하고 있다는 사실이다. 즉, 이 정당은 기독교인과 고대 시리아인, 또는 종교적으로나 인종적으로 다른 소수집단과 협력하고 있다. 예를 들어 민주연합당은 카미실리 칸톤의 부총리들 중 하나인 샤마르Shammar와 긴밀한 협력관계를 유지하고 있는데, 샤마르는 근동 지역 아랍 종족들 중 가장 막강한 종족에 속한다.

이 지역에 어느 정도 규율을 갖춘 국가 조직을 건설하기 위해서 2년이라는 시간이 주어졌다. 그리하여 카미실리 칸톤에 하원과 의회, 행정 부처 등이 조직되었다. 요직에 임명된 사람들은 상당히 유능하고 의욕에 넘치는 사람들이었다. 우리는 8일 동안[7]

---

[7]   나와 동행했던 파트리크 프랑세시(Patrick Franceschi)에게 이 여행은 세 번째 여행이었다. 프랑세시의 다음 책을 참조하라. *Mourir pour Kobané*(Paris: éditions des Équateurs, 2015).

수백 킬로미터를 돌아다니면서 누구보다도 먼저 최전방에 위치한 실리카네Silikané에 주둔하는 병사들과 만날 수 있었다. 또한 여성 병사들과도 대화할 수 있는 기회를 얻게 되었는데, 이들 중 일부는 경험이 많은 숙련된 병사들이었다. 여성 병사들의 주요 관심사는 젊은 여성 병사들과 그렇지 않은 병사들을 효과적으로 배치하는 문제였다. 한 가지 분명한 것은 민주연합당의 군대는 엄청난 전투력을 보유하고 있었다는 사실인데, 이는 코바니 탈환 작전에서 이미 입증되었다. 해를 끼치려는 의도는 아니겠지만 오늘날 이들의 코바니 전투를 일개 선전 수단으로 축소하려는 경향이 있는데, 이는 매우 유감스러운 일이다. 15개에 달하는 다른 쿠르드 단체들은 마수드 바르자니가 이끄는 시리아 쿠르디스탄 국가 위원회에 소속되어 있으며, 이들은 민주연합당의 거침없는 행보에 비해서 별다른 영향력을 행사하지 못하고 있다.

나는 지난 몇십 년 동안 여러 국경 지역에서 민주연합당과 같은 혼합적인 성격을 띤 단체들이 계속 증가하는 현상을 목격해 왔다. 1977년에 활동했던 이사이아스 아페웨르키가 이끄는 에리트레아 인민해방전선이 비슷한 성향을 가진 단체에 속하며, 1967년에 활동했던 북베트남의 남녀 전투원들, 그리고 1985년에 두각을 나타냈던 페루의 공산주의 단체 '빛나는 길Sendero Luminoso', 또는 1987년, 1999년, 2006년에 등장했던 스리랑카의 타밀 호랑이 등이 이에 속한다. 이러한 단체들은 모두 폐쇄된 군사 조직의 성격을 띠며, 목표를 위해서 개인의 희생을 마다하지 않는 특별한 이데올로기를 통해 유지된다. 따라서 이러한 단체들이 성공할 경우 대부분 전제정치로 발전하게 되며, 실패할 경우 다른 성향을 띤 대부분의 단체들은 해체되는 반면에 이러한 단체들은 생존할 수 있는 특성을 지니고 있다. 전투에 함께 참여함으로써 공유되는 감격의 순간들은 다양한 목적을 지니고 전투에 참가한 전투원들에게 일종의 미끼로 작용한다. 즉, 이들에게 이러한 경험은 그 무엇과도 비교할 수 없는 강렬함과 환상, 또는 추억으로 남게 되는 것이다.

민주연합당의 전투원들은 엘리트 부대 요원들에 버금갈 정도로 용맹스러웠기 때문에, 이들과 함께 전쟁을 치르고 이들과 함께 전사하는 것은 명예로 여겨졌다. 터키는 이 교란자들을 은밀히 제거하기 위해서 혈안이 되어 있다. 켄달 네잔은 정확하게 쿠르드 민족주의가 지금 현재 두 가지 방향으로 발전하고 있다고 진단한다. 하나는 세속적이고 권위주의적인 성향이며, 다른 하나는 가부장주의적이며 씨족중심적인[8] 성향이다.

아랍과 무슬림 세계의 일부 계층을 유혹하고 있는 지하디즘은 일종의 근대화 저항운동으로서 이 세계가 당면하고 있는 경제적·사회적 문제를 해결하는 해결책이 절대 될 수 없다. 폭력으

---

8   ≪르 몽드(Le Monde)≫, 2015년 1월 5일 자 참조.

로 얼룩지고 있는 지하디즘은 다른 사회의 반근대주의 운동에 비하면 요란한 수레에 불과하다. 다른 사회는 급속한 서구화와 근대화에 대항해서 지하디즘과는 전혀 다른 방식으로 대응하고 있다.

예를 들면 베트남은 아직도 식민지 유산 문제에 대해서 계속 거론하고 있는가? 그리고 프랑스가 캄보디아와 라오스까지 식민지화하지 않은 사실에 대해서 이의를 제기하고 있는가? 또한 미국이 베트남에 가한 엄청난 손실에 대해서 계속 문제 삼고 있는가? 현실적으로 베트남은 국경을 접하고 있는 중국의 세력 강화를 자신의 존재를 위협하는 최대의 숙적으로 여기고 있다. 우리는 아랍 세계가 자신의 상황을 좀 더 정확하게 분석하기를 원한다. 이제까지 아무런 진전도 없이 몇십 년이 지나가 버렸다. 근대화의 해방자를 자처하는 사우디아라비아에 의해서 확산되기 시작한 이슬람주의는 앞으로 몇십 년 동안 계속 실패를 맛보면서 결국은 쇠퇴하게 될 것이다.

결론: 그리고 내일은?

현재 지상군 투입 문제를 최대한 자제하고 있는 서구의 전략은 그것이 미칠 긍정적·부정적 영향과 상관없이 모든 전쟁을 소모전으로 전락시키고 있다. 예를 들어 아프가니스탄 전쟁은 이 지역의 부패를 심화시키면서, 대부분의 지역 주민들에게 서구 세력은 결국 점령자에 불과하다는 인식을 불어넣었다. 이 전쟁의 실패로 이득을 얻은 세력은 탈레반뿐이었다. 이라크 전쟁과 이 전쟁으로 인해 초래된 결과, 그리고 '대중동' 재구성에 대한 계획은 스스로를 전지전능하다고 믿었던 신보수주의자들의 이데올로기에 의해서 파생된 프로젝트였다. 레바논 국민을 보호하기 위한 것이라고 공식적으로 포장되어 실행되었던 레바논 작전은 결국 레바논 정권을 붕괴시키는 데 결정적인 영향을 미치긴 했다. 하지만 정권 붕괴 후 4년이 지나도 레바논 문제는 해결될 기미를 보이지 않고 있으며 이는 사헬Sahel 지역 전체에서도 마찬가지이다.

이와 같은 사실을 통해서 다음의 사실을 명확하게 인식할 필요가 있다. 가슴에 손을 얹고 스스로 가장 민주주의적이라고 칭하는 미국과 그의 유럽 연맹국들이야말로 이 지역에 무질서를 초래한 주범들이며, 결국 1980년과 2011년 사이에 출현한 모든 종류의 급진적 이슬람주의 단체들의 탄생을 촉발한 장본인들이라는 점이다.

애국주의가 고조되는 분위기에 편승해 정치적·도덕적 실수를 저질렀던 부시 행정부의 과오는 한 번도 거론된 적이 없다. 그 당시 부시 행정부의 전략을 비판하는 사람들은 즉시 반애국주의자로 낙인찍혔다. 그리고 부시 행정부의 실수는 비싼 대가를 치러야 했다. 부통령이었던 체니는 낯 뜨거운 줄 모르고 물고문이 고문이 아니라고 계속 주장하는 코미디를 연출하기도 했다.

버락 오바마가 대통령으로 당선되자 화해 정책을 펼치긴 했으나 실제적으로 아무런 효과를 가져오지 못했다. 군사적 이슬람주의를 따르는 다양한 종류의 이슬람 단체들은 서구가 추앙하는 모든 가치들을 계속 거부하고 있다.

또한 일부에서는 이슬람주의의 확장이 한계에 이르렀다는 주장이 제기되고 있는데, 이는 상당히 근시적인 관점에 근거한 것이다. 분명 그들의 노력이 아직까지 별 성과를 거두지 못한 것은 사실이다. 아직까지 어떤 무슬림 정권도 전복되지 못했다. 튀니지를 제외하고, '아랍의 봄' 저항 물결은 몇몇 독재자들을 물러나게 했을 뿐 체제 자체의 변화를 초래하진 못했다. 게다가 이 개혁 운동은 이슬람주의와 전혀 상관이 없었으며 오히려 그 반대의 경우라고 할 수 있다. 9·11 테러 사건이 일어났던 그다음 날 오사마 빈라덴이 발표한 종말론적 선언은 적어도 15개의 테러를 통해 발현되었다. 이들 중 두 개의 대형 테러 사건(마드리드와 런던)은 9·11 테러 이후 15년 이내에 일어났다.

지하디즘 자체가 서구 세계를 위협하는 이데올로기가 아니라는 사실을 설득하는 것은 불가능해 보인다. 세계의 정치적 균형을 깨뜨린 가장 핵심적 사건은 제2차 세계대전 이후에 고착된 냉전 체제이며, 미국은 이 냉전 체제를 통해서 무한정한 절대 권력을 획득했다.

2008년의 재정 위기와 그 이후의 경제 위기로 인해 2년 뒤에 중국은 세계의 2인자가 되었으며, 이에 따라서 세계 질서가 재편되었다. 서구가 지난 2~3세기 동안 누렸던 패권자의 자리를 내주게 된 것이다. 그 이후 무슬림 세계에서 세계 체제에 저항하는 운동이 일어나기 시작했으며, 이는 아프리카에서 파키스탄과 방글라데시까지 퍼져나갔다.

지하디즘이 계속 확장되고 있다는 것은 사실이다. 하지만 지하디즘은 무성한 소문과 광기에도 불구하고 경제 정책에 대한 전략도 없는 과열된 종파주의에 불과할 뿐이다. IS는 자신의 이데올로기에 협조하지 않는 수니파들을 마땅히 몰아내야 한다고 생각한다. 이는 사형을 의미한다. 이 때문에 IS의 적들은 계속 증가하고 있으며, 심지어 IS의 고위 관료들도 등을 돌리고 있다. 결국 공포를 통해 확산되는 정치 쇼는 사회 개혁을 대신할 수 없다는 사실이 서서히 입증되고 있다. 이런 관점에서 볼 때 무슬림형제단은 아직도 음성적으로 활동하고 있기는 하지만 IS와는 차별되는 경쟁력 있는 조직이라고 볼 수 있다.

근동 지역 문제로 유럽도 적지 않은 타격을 받고 있다. 하지만 유럽이 받고 있는 고통은 유럽 정권이 자처한 맹목성과 비굴함에 기인한다. 프랑스에서는 우익뿐만 아니라 좌익까지 눈먼 정책에 동의했다.

유럽에 거주하는 마그레브(북아프리카) 지역 출신의 청년들 중 일부는 생산 체제 안으로 전혀 편입되지 못했으며, 교육도 제대로 받지 못하고 있다. 1980년대부터 유럽 정부는 미래를 준비하기보다는 음성적으로 성장하는 경제 활동을 묵인하는 과오를 저질렀다. 이는 마약 판매와 무법 지대의 확장으로 특징지어 지는데, 이와 같은 정책이 오늘날 그 값을 치르고 있는 것이다.

게다가 유럽은 이슬람이 태동하기 이전에 이미 존재했었던 근동 지방 기독교 공동체를 강력하게 방어해야만 하는 처지에 놓이게 되었다.

식민주의와 제국주의 정책의 주동자인 유럽이 항상 자신의 이득을 우선시해왔다는 것은 누구나 알고 있는 사실이다. 하지만 종종 그러듯이 도덕과 정치를 혼동해서는 안 된다. 특히 우리는 우리가 내렸던 결정들을 작금의 잣대로 평가해서는 안 된다.

유럽의 식민지 정책이 옳았든 틀렸든 간에 유럽은 종속의 사슬을 끊고 시민권을 토대로 한 시민사회 모델 형성에 기여하기도 했다. 미국의 탄생과 미국에 뒤이어 탄생한 남미의 해방이 바로 이러한 정신을 상징하지 않는가. 또한 일본이 제국주의가 팽창할 무렵 선택했던 정책은 어떠했는가? 일본은 유럽 문명을 우선 학습한 다음, 학습으로 다듬어진 지적·물질적 무기를 가지고 유럽을 역으로 공격했다. 그 이후에 일어난 세계 각 지역의 해방 운동을 민족주의 운동이라고 부르는 것은 우연이 아니다.

모든 문제의 해결책은 과거의 신화를 재구성하는 데 있지 않고, 각 민족의 위엄과 정체성, 문화를 복원하는 데 있다. 이는 과거의 일본, 그리고 현재의 중국처럼 근대화로 인해 생성되는 여러 가지 문제를 수용함으로써 가능하다.

만약 인종적·종교적 뿌리가 다른 단체들이 권력 쟁탈에만 혈안이 되어 있고 양보할 생각은 조금도 없다면 이들의 국경을 규정하는 것이 무슨 소용이 있겠는가? 터키의 청년튀르크당이 한 세기 전 제1차 세계대전 당시 취했던 전략처럼, 우리도 아르메니아인들을 몰살하고, 근동 지방의 기독교인들을 학살하며, 폰틱Pontic 그리스인들을 강제로 추방할 수 있다. 하지만 우리는 또한 시민 모두가 동등한 권리를 가졌다는 사실을 인정하고 공생할 수 있는 길을 모색할 수도 있다.

중국이 달러 지배로부터 벗어나려고 대책을 강구하는 사이에 IS는 칼리파 국가를 세운다는 명목하에 참수형을 무자비하게 시행하고 있다.

사이크스 피코 협정은 계속 비난의 대상이 되고 있다. 터키의 무스타파 케말이 세브르 조약(1920) 체결 당시 이미 이 협정에 대해 문제를 제기했었다. 사이크스 피코 협정이 아랍 전 지역에 적용되지 않았던 것은, 그 당시에 이를 적용시키기 위한 정치적·군사적 역량이 부족했기 때문이 아니라 전체 아랍 지역의 통합에 대한 비전이 없었기 때문이었다.

지하디스트들은 타인에 대한 배척감에 기반을 둔 사회가 아니라 노동과 개발과 교육에 기초한 사회를 세우기 위해 노력하고 있다고 공언하고 있으나, 실현 가능성은 거의 없다고 볼 수 있다.[1]

---

1 지하디스트들이 민주주의에 기초해서 재건을 꿈꾸는 튀니지를 공격한 사건〔2015년 3월 바르도(Bardo) 박물관 공격〕은 이와 같은 사실을 입증한다.

참고문헌

ALLISON, Christine, et KREYENBROEK, Philip G.(dir.), *Kurdish Culture and Identity*, Londres: Zed Books, 1996.

BARZANI, Saywan, *Le Kurdistan d'Irak*, 1918~2008, Paris: L'Harmattan, 2009.

BENRAAD, Myriam, *Irak, la revanche de l'histoire*, Paris: Vendémiaire, 2015.

BLAU, Joyce, *Le Fait national kurde*, mémoire de licence, Université libre de Bruxelles, 1963.

BOZARSLAN, Hamit, *Révolution et état de violence*, CNRS éditions, 2015.

_____, *Conflit kurde. Le brasier oublié du Moyen-Orient*, Paris: Autrement, 2009.

BRUINESSEN, Martin Van, *Agha, Shaikh and State: The Social and Political Structures of Kurdistan*, Londres: Zed Books, 1992.

_____, *Mullas, Sufis and Heretics: The Role of Religion in Kurdish Society*, Istanbul: Isis, 2000.

CHALIAND, Gérard(dir.), *Les Kurdes et le Kurdistan*, Paris: Maspero, 1977.

COCKBURN, Patrick, *Le Retour des djihadistes. Aux racines de l'État islamique*, Paris: Les Équateurs, 2015.

EDMONDS, Cecil J., *Kurds, Turks, and Arabs: Politics, Travel and Research in North-Eastern-Iraq 1919~1925*, Londres: Oxford University Press, 1957.

FRANCESCHI, Patrice, *Mourir pour Kobané*, Paris: Les Équateurs, 2015.

GHASSEMLOU, Abdul Rhaman, *Kurdistan and the Kurds*, Londres: Colletts, 1980.

KUTSCHERA, Chris, *Le Mouvement national kurde*, Paris: Flammarion, 1979.

LUIZARD, Pierre-Jean, *Le Piège Daech. L'État islamique ou le retour de l'histoire*, Paris: La Découverte, 2015.

MCDOWELL, David, *A Modern History of the Kurds*, Londres: Tauris, 2004.

MORE, Christiane, *Les Kurdes d'aujourd'hui. Mouvemen national et partis politiques*, Paris: L'Harmattan, 1984.

PHILLIPS, David L., *The Kurdish Springs*, New Brunswick(N.J.): Transaction, 2015.

PICARD, Élisabeth(dir.), *La Question kurde*, Bruxelles: Complexe, 1991.

PRUNHUBER, Carol, *The Passion and Death of Rahman the Kurd: Dreaming Kurdistan*, iUniverse, 2010.

RANDAL, Jonathan C., *After such Knowledge, what Forgiveness? My Encounters with Kurdistan*, Boulder(Col.): Westview Press, 1998.

VANLY, Ismet Cheriff, *Le Kurdistan irakien, entité nationale. Études sur la révolution de 1961*, Neuchâtel, La Baconnière, 1970.

쿠르드족에 대한 현세 보고는 www.noria-research.com 참조.

우리의 원고를 세심하게 검토해주고

여러 가지 충고를 해준

하미트 보자르슬란Hamit Bozarslan 과 켄달 네잔Kendal Nezan에게

감사의 말을 전한다.

지은이_ 제라르 샬리앙 Gérard Chaliand

1934년 벨기에에서 출생한 제라르 샬리앙은 국제관계 전문가로서 특히 게릴라전과 테러리즘으로 표출되는 반식민지 해방투쟁 문제를 집중적으로 연구하고 있다. 샬리앙은 지난 20년 동안 4대륙(아프리카, 아시아, 라틴아메리카, 동유럽)에서 발생한 다양한 식민지 해방투쟁을 현지에서 관찰해왔으며, 특히 북베트남의 홍강 삼각주에서 일어난 해방투쟁, 요르단과 레바논 지역의 파타(Fatah) 정당과 팔레스타인 인민해방전선(1969~1970)의 활동, 아프가니스탄(1980~1982) 등에서 일어난 갈등을 참관인 자격으로 주시해왔다. 1980년부터는 아프가니스탄과 시리아, 이라크에서 표출되는 갈등을 정기적인 현장 방문을 통해 분석하고 있다. 이러한 현장 경험을 바탕으로 『테러리즘과 정치(Terrorisme et politique)』(2017,)『새로운 형태의 전쟁(Le nouvel art de la guerre)』(2008) 등 40여 권의 저서를 출판했다.

지은이_ 소피 무세 Sophie Mousset

제라르 샬리앙과 협력해 이 책을 쓴 소피 무세는 작가 겸 사진가로 활동하고 있다. 지난 15년 동안 쿠르디스탄을 정기적으로 방문하면서 쿠르드족 문제에 대한 책을 저술하고 있으며, 프랑스 쿠르드 단체에서 활동하고 있다. 저서로 『쿠르디스탄: 시간을 감내하는 꿈(Kurdistan: Le rêve à l'épreuve du temps)』(2017), 『아르메니아: 민족 정체성(Arménie: Identité d'un peuple)』(2007) 등이 있다.

옮긴이_ 은정 펠스너 Eun-Jung Felsner

프랑스 소르본 대학에서 영화 공부를 하다가 독일 남자를 만나 20년째 독일에 거주하고 있다. 한국어, 영어, 불어, 독일어의 혼재 속에서 각 언어가 지닌 보편성과 특수성에 관심이 많으며, 그러한 관심은 2013년 한국문학번역원 독일어권 번역상 수상으로 결실을 맺었다. 현재 베를린 자유대학교 한국학과에서 종교와 통일 문제로 박사과정을 밟고 있으며, 출판 기획자와 번역가로 활동하고 있다. 번역서로 『유럽의 극우파들』(2017), 『IS 리포트』(2015)가 있다.

쿠르드 연대기

IS 시대의 쿠르드족 문제

지은이 　　　 제라르 샬리앙, 소피 무세
옮긴이 　　　 은정 펠스너
펴낸이 　　　 김종수
펴낸곳 　　　 한울엠플러스(주)
편집책임 　　 최규선
편집 　　　　 김다정

초판 1쇄 인쇄　 2018년 4월 10일
초판 1쇄 발행　 2018년 4월 20일

주소 　　　　 10881 경기도 파주시 광인사길 153 한울시소빌딩 3층
전화 　　　　 031-955-0655
팩스 　　　　 031-955-0656
홈페이지 　　 www.hanulmplus.kr
등록번호 　　 제406-2015-000143호

Printed in Korea.
ISBN 978-89-460-6471-3 03340

※ 책값은 겉표지에 표시되어 있습니다.